AF370840

LE

MORE-LACK.

LE
MORE-LACK,

OU

ESSAI

Sur les moyens les plus doux & les plus équitables d'abolir la traite & l'esclavage des Nègres d'Afrique, en conservant aux Colonies tous les avantages d'une population agricole.

.... *And with necessity,*
The Tirant's Plea, excuse his dew' Iish Deed.

Ainsi les Tyrans prétendent excuser leurs actions infernales, en disant : La nécessité m'y força.

Paradis Perdu de Milton.

A LONDRES,
Et se trouve A PARIS,
Chez PRAULT, Imprimeur du Roi,
quai des Augustins.

1789.

A U X

SOCIÉTÉS PHILANTROPIQUES,

E T

A TOUTES LES AMES SENSIBLES.

DE toutes nos erreurs, la plus funeste à la félicité humaine, est celle d'avoir toujours considéré de grandes richesses comme la réalité du bonheur ; jadis la soif de l'or, fit massacrer les habitans du Nouveau Monde ; aujourd'hui la même cupidité nous entraîne à faire égorger une partie des peuples de l'Afrique, & à leur enlever des esclaves pour cultiver l'Amérique. En sommes-nous plus heureux ? L'Espagne , pour envahir des monceaux d'or , a dépeuplé ses provinces,

a

& laissé ses terres en friche. L'Europe a regorgé de desirs , d'ambition , de ri-chesses ; des fortunes rapides se font élevées sur les débris sanglans de l'espèce humaine; un millionnaire ne peut dépen-ser sans prodigalités un revenu immense capable de suffire à l'existence de deux cents personnes , il se crée mille jouissances fac-tices qui prennent la place des besoins les plus nécessaires ; des trésors consumés par un luxe sans bornes cessent d'être suffisans, & le voilà devenu le martyr de sa propre cupidité , & la juste victime de la cupidité insensée dont il a malheureusement donné l'exemple à toute la colonie.

Des vêtemens simples, mais salutaires, ont fait place à des modes frivoles & à des costumes ruineux : les toits paisibles de nos pères ont été renversés pour élever des bâtimens superbes ; leur nourriture faine & frugale, a été remplacée par des repas fplendides, & des apprêts fomptueux. Enfin, les vrais plaifirs de l'heureufe innocence ont été dedaignés par l'orgueil, ou avilis par des êtres corrompus.

Le nombre des favoris de la fortune qui regorgent de tout, a augmenté la foule des malheureux enfans de l'indigence qui n'ont pas de pain, & les riches eux-mêmes n'ont goûté de la félicité que les apparences trompeufes. Les richeffes ont tourmenté toutes les claffes de la fociété, fans les rendre heureufes ; &, pour les obtenir, nous leur facrifions fans remords depuis plus de deux cents ans, le bonheur, la liberté, le fang, la vie & la poftérité de dix millions de créatures innocentes qui font nos femblables, nos frères. Enfin, après avoir rempli les quatre parties du monde de meurtres & de calamités, nous mourrons égoïftes, malheureux, déteftés de tous ceux qui nous environnent, fouvent même de nos propres enfans, fans avoir rien fait pour la poftérité, que de multiplier les vices & les misères du genre humain. Tels font les triftes effets de l'infatiable avarice & de la foif toujours renaiffante de l'or.

Quelques hommes fenfibles, témoins de ces horreurs, ont fait fentir à l'Europe les cruautés qu'elle avoit exercées fans relâche contre les Noirs, depuis plus de deux fiècles. La dureté des traitans, des facteurs homicides & des habitans impitoyables, a révolté tous les cœurs honnêtes ; & lorsque les colons ont voulu justifier les brigandages , les assassinats qu'ils font commettre en Afrique & en Amérique , l'indignation générale s'est soulevée contr'eux.

Ils sentent, ils avouent même la né-cessité d'une réforme dans les abus ; mais l'habitant despote absolu dans son habitation , refuse impunément tous les jours à ses Nègres , les adoucissemens qui leur ont été accordés par le Code Noir. Leur misère s'accroît sans cesse , ils la souffrent & se taisent. Si par malheur ils osoient se plaindre, ils recevroient bien-tôt cent coups de fouet, & risqueroient d'avoir leur corps déchiré par lambeaux. Il n'existe dans les colonies aucun pro-tecteur qui veille à la conservation de ces infortunés , ni qui prenne le moindre

a iij

intérêt à ce qu'on leur fourniſſe ſeulement le vrai néceſſaire.

On ne peut parcourir les habitations Angloiſes de l'Amérique, ſans être navré de douleur : on y voit preſque par-tout l'homme écraſé ſous le joug de la tyrannie, mis au rang des bêtes de charge & ſouvent plus maltraité qu'elles. Ce cruel uſage, autoriſé par des loix barbares ſurpriſes à la puiſſance des Rois, pratiqué par des êtres impitoyables, s'eſt perpétué juſques à ce jour, malgré toutes les réclamations de la raiſon & des lumières de notre ſiècle, malgré l'influence des préceptes religieux, malgré les ſentimens intérieurs de l'ame, qui ne ceſſe de dire : Celui que tu foules aux pieds eſt ton frère. La ſoif de l'or, & le deſir effréné de gagner en dix ans de quoi étaler le faste le plus infolent, font les motifs qui encouragent cet odieux commerce, & réduifent le More malheureux au degré d'aviliffement le plus douloureux. Non, je ne crains pas de le dire, on ne boit pas en Europe une feule taffe de café qui ne renferme quelques gouttes du fang des Africains. La feule culture du fucre abrége de moitié la durée de leur exiftence.

Quel obfervateur impartial ne fentira fon ame déchirée, lorfque, quittant l'habitation du maître, il parcourra feul les triftes cabanes de fes efclaves ? Tandis que la pompe & l'abondance font répandues avec profufion au logis du colon, fes pauvres créatures, mourant de faim, n'ont fur leur corps que deux aunes de groffe toile pour couvrir leurs nudités, &

qu'une misérable natte pour se coucher la nuit. L'indigence la plus affreuse les poursuit & les poignarde depuis l'époque de leur servitude jusqu'à cel'e de leur mort. Ils travaillent nuit & jour pour accroître la fortune du maître. Tandis que les Noirs ne respirent que pour la douleur, & souffrent des premiers besoins de la vie, des colons durs & colères n'ont plus de pitié pour eux : leurs cœurs sont de pierre, & la mort même de ces infortunés cesse de les affecter, dès qu'ils y trouvent quelque avantage.

Leur insensibilité meurtrière se communique bientôt à tous ceux qui les environnent ; pour plaire au tyran, on épouse sa dureté ; on parle des Noirs avec mépris ; les yeux s'accoutument au spectacle de la cruauté, & on trouve rarement des Européens qui, ayant vécu un an en Amérique, prennent intérêt à leurs souffrances. Ils contemplent en riant les coups de fouet qui font quelquefois ruisseler le sang de ces malheureux. Les cris de ces infortunés, lorsqu'on met du sel & du poivre dans leurs plaies, excitent leurs souris moqueurs... Monstres! que vous ont fait ces peuples opprimés pour les traiter avec tant de rigueur?... Rappellez-vous que c'est par la trahison, la force & la tyrannie, que vous avez établi vos droits sur eux, en les arrachant avec violence du sein de leur patrie. Songez que c'est à votre politique infernale que vous êtes redevable de leurs travaux & de votre opulence; rappellez-vous enfin qu'il existe un Être immortel qui voit & juge vos œuvres, & dormez en paix, si vous l'osez.

Tyrans cruels, perfécuteurs farouches, vous que la Nature ne fit naître que pour devenir les bourreaux du genre humain, quittez vos tables fomptueufes, & vifitez les cafes de vos Nègres, où tout annonce la peine & la douloureufe indigence ! Voyez-les dans la dureté des travaux, nuds, fouffrans, expofés à la rigueur d'un foleil brûlant, dégoûtans de fueurs & quelquefois de fang, mêlé des larmes du défefpoir ! Voyez-les s'épuifer de fatigues fur une terre qui ne produit tant de richeffes que pour vous feuls ;... & s'il vous refte encore une ame, contemplez leur deftinée affreufe, fans détourner les yeux avec horreur.... Vous n'oferiez.... vous craignez même d'être fenfibles.... vous encouragez une adminiftration meurtrière dont la barbarie contribue à votre opulence. Vous avez, il eſt vrai, le beau droit de leur faire grace quand vous voulez ; mais pour ne pas jouir d'un privilége contraire à votre fortune, pour priver de vos bienfaits ces infortunés, vous ſortez rarement ; vous êtes preſque toujours inviſibles pour eux ; vous reſſemblez à ces froides idoles de bois ou d'argile, qui ne quittent jamais la place où le ſtupide vulgaire les a dépoſés.

Malgré les vaines déclamations que l'impoſture & la cupidité font proférer encore aux colons, l'opinion générale a prononcé contr'eux ; elle réclame l'abolition de la traite des Nègres : elle recherche avec empreſſement tous les moyens de leur rendre une liberté que leur accorda la Nature .... que la fourberie & la violence leur ont ravie ....

mais à laquelle ils n'ont jamais renoncé.

Par quels moyens heureux y pourroit-on parvenir, fans exciter des orages,
fans porter atteinte à la propriété des
colons, fans les priver des bras accoutumés à cultiver leurs terres ?...

Rendre fubitement la liberté à tous
les efclaves Nègres, feroit un acte d'autorité arbitraire qui ruineroit les colonies,
& exciteroit une révolution dangereufe
dans des cœurs ulcérés de peines & de
défefpoir. Les habitans ne connoiffant
d'autres moyens de culture que les bras
du More, feroient fans fecours, fans
efpoir, fans récoltes, fi on les affran-
chiffoit tout-à-coup. La cafe des Nègres,
fes meubles, fes outils appartenans au

maître, rendre à ces esclaves la liberté sur le champ avant de leur avoir assuré des moyens d'existence, seroit les réduire à la dernière misère, & n'en faire que des brigands toujours prêts à nous dévorer.

Eteindre insensiblement l'esclavage, par des moyens doux, faciles & peu dispendieux, qui assurent dans tous les tems la culture des terres, l'existence des Nègres & la fortune des colons, seroient des actes de justice conformes à tous les droits de l'humanité, & même avantageux à à la prospérité future des colons : ils ne pourroient révolter que ces ames féroces & avides qui chérissent les meurtres, l'iniquité & les révolutions, dans l'espoir d'y trouver de quoi satisfaire avec moins de lenteur la cupidité la plus effrénée.

Abolir enfin la traite des Nègres, dès qu'elle ne fera plus néceffaire, anéantir les caufes de l'efclavage, rendre la paix à l'Afrique, & la liberté à l'Amérique; ce font des actes d'équité & de bienfaifance, que toutes les opinions religieufes, la juftice & l'humanité réclament depuis long-tems.

Ces trois obfervations détaillées vont former le cannevas de cet Ouvrage; mais avant de le commencer, il faut que je rende compte des motifs qui m'ont déterminé à le mettre au jour.

Il y a environ un an, qu'ayant été obligé de me rendre à l'Ifle de Guernefey, je fus contraint, à mon retour en France, de relâcher à l'Ifle de Jerfey, où les vents contraires me retinrent près

de trois jours. Quoique la mer fût vivement agitée, le soleil éclairoit l'horison,
& répandoit sa douce lumière sur les
pâturages, les jardins & les riantes habitations de l'Isle. Ne pouvant achever
ma route, l'oisiveté me porta à la parcourir. Semblable à la plupart des Isles
de l'Océan, elle m'offrit l'aspect de plusieurs montagnes, qui, sortant du sein
de la mer, sembloient y former un asyle
contre ses orages. Je dirigeai mes pas
vers son centre ; & par des chemins tor-
tueux, bordés d'un grand nombre d'arbres jeunes & vigoureux, je parvins au
sommet de l'Isle, & m'assis sur le bord
d'un rocher.

J'y contemplois, dans une tendre
méditation, le spectacle terrible & ma-
jestueux d'une mer en courroux, qui

sembloit vouloir sapper & engloutir ce sol riant & bien cultivé ; les roches qui m'environnoient, chargées de coquillages incruftés & de pétrifications maritimes, m'atteftoient l'évidence des premiers déluges du monde.... les vents impétueux qui foulevoient les flots avec violence.... les vagues qui, en fe combattant, fe confondoient fans ceffe, venoient brifer leurs dernières lames aux pieds d'un roc qui fert de fondement à un vieux château bâti (dit-on) par Jules Céfar.... la Nature, dans fes vives agitations, pénétroit mon cœur de crainte & de refpect.... & dans l'intérieur de mon être, j'admirai dans un refpectueux filence, la puiffance motrice qui dirigeoit à fon gré le mouvement des cieux, des vents, des mers & de la terre.

J'étois

J'étois encore ému de ces magnifiques tableaux, lorſque j'apperçus à deux cents pas de moi, un homme couché ſur la terre ; la tête appuyée ſur ſa main, il contemploit comme moi les convulſions de l'Océan. L'analogie du lieu, du tems, des circonſtances, peut-être même cette ſympathie ſi douce qui attire l'homme vers ſon ſemblable, m'excita à m'approcher de lui : je quittai mon rocher, & je fus le joindre.

Après avoir vaguement parlé des vents, &c, il m'apprit que ſa mère étoit originaire d'Afrique ; qu'il avoit été eſclave en Amérique ;... qu'affranchi de bonne heure, il avoit fait un voyage en Guinée ;..., que les horreurs de la traite lui ayant fait redouter d'être auſſi la victime de nos fureurs fanguinaires, il avoit abandonné une patrie où prefque tous fes parens avoient été égorgés ou vendus; & qu'enfin, il étoit venu chercher en Europe un afyle paifible où fon travail pût fuffire aux befoins de fon exiftence.

Le ton dont il s'exprimoit me frappa. Je lui fis beaucoup de queftions fur l'efclavage, la traite des Noirs, leur tranfport dans les Ifles, leurs traitemens journaliers, &c. Il répondit à tout avec une précifion, une énergie & un fentiment de vérité qui m'infpirèrent de l'eftime pour lui. Je fentis qu'il étoit parfaitement inftruit; & fon difcours redoubla la vive horreur que j'avois conçue depuis long-tems pour un trafic auffi dénaturé.

Ses tableaux étoient peints avec cette chaleur qui, caractérifant bien les faits dont il avoit été témoin, annonçoient une ame fenfible, courageufe & fupérieure aux revers. Il invoquoit à la fois le Grand-Efprit & le Soleil comme fes pères, les Rois & les Magiftrats comme fes protecteurs ; il finit par m'apprendre qu'il avoit compofé un mémoire où tous fes griefs étoient dépofés ; je lui témoignai le defir d'en prendre lecture : il promit de me fatisfaire, & de me l'apporter le lendemain matin.... Je le quittai, en ferrant affectueufement fa main dans les miennes.

Cet homme avoit la taille haute, la figure animée, le regard indigné. Soit que ce fût un jeu de la Nature, ou que fa mère eût fréquenté des Européens, fon vifage ne paroiffoit pas avoir une origine Africaine ; fon teint n'étoit guères plus brun que celui des Efpagnols ou des Portugais ; fes cheveux courts n'étoient pas crépus, & fa manière de s'énoncer annonçoit de la pénétration, du jugement & même du génie.

Le lendemain, il arriva chez moi avec un rouleau de vieux papiers fous fon bras ; il le déploya fur ma table, & le lut en anglois avec véhémence. Tout dévoiloit en lui un homme plein de fon fujet, & capable de grandes chofes. Je me tenois en garde contre une chaleur que je croyois outrée ; mais la force de fes raifons m'entraîna : elles étoient conformes à tout ce que j'avois reffenti moi-même, je ne pus m'empêcher de partager ses peines.

Il me raconta l'histoire d'un Nègre jeune encore, mais épuisé par l'excès des travaux qu'on lui avoit imposés. Cet homme exténué, maigre comme un squelette, abandonné de son maître qui refusoit de le nourrir, parce qu'il n'avoit plus la force de travailler, fut réduit à une si grande misère, qu'il mangea de la chair crue & corrompue des bœufs ou des animaux morts de maladies, jettés au milieu des champs. Ce malheureux Noir, pressé d'une faim dévorante, parcourut les habitations en mendiant. Il vint un jour se présenter devant un riche colon, parent de son maître, & pour lequel il avoit jadis travaillé: il le trouva prenant fon café fur une terraffe, vêtu d'un habit fuperbe, & environné de gens qui le fervoient. Il implora fon affif-tance ; mais il fut cruellement refufé : & parce qu'il ne fe retira pas affez prompt-ement, il le livra à fes domeftiques qui l'outragèrent avec violence. Ce Nègre infortuné, en fe retirant, ne put s'em-pêcher de lui dire : (Toi, qui boire mon fang, refufer la vie à moi, & faire battre moi.) Ce qui, dans le génie de notre langue, me paroît dire ; *Celui qui boit mon fang, mes fueurs & mes larmes, me refufe un morceau de pain, & m'affomme.*

Je defirai qu'il me laifsât fon manuf-crit ; mais il n'y confentit pas : il me permit feulement d'en extraire ce qui fe-

roit utile à mon Ouvrage : je profitai de
fes offres, & traduifis en françois quelques paffages qui me parurent intéreffans.
Malgré tous mes efforts pour leur conferver leur teinte originale, je fens qu'ils
ont perdu de leur énergie : mais ce qui
leur en refte, fuffira peut-être pour faire
connoître que, fous une écorce noire, il
fe trouve fouvent des ames fenfibles qui
ont du caractère & de la vigueur.

La feconde partie de cet Ouvrage ren-
fermera un corps d'obfervations relatives
aux moyens les plus doux d'opérer infenfiblement l'abolition de la traite (*en la
rendant inutile*,) & l'extinction progref-
five de l'efclavage, fans nuire à la propriété des colons, ni à l'exploitation ter-
ritoriale.

Je ne fuis ni un frondeur, ni un en-
thoufiafte : mais par-tout où je vois la
tyrannie & la cupidité de quelques individus fouler & écrafer fans remords des
millions de créatures humaines ; ofer
même combattre ceux qui ont le courage
de dénoncer leurs crimes à l'Europe . . . .
mon cœur indigné gémit. . . . . Je fouffre
& je ne puis me taire ; ami de la paix &
de la félicité de tous mes femblables, il
faut que ma douleur s'épanche dans le
fein de tous les êtres fenfibles.

J'ai queftionné une foule de Nègres:
prefque tous m'ont tenu ce langage . . . .
*Moi fouffrir beaucoup , parce que maître
fait trop travailler moi, . . . nourrir mal
moi. . . . & faire périr moi de faim & de
coups. . . . .* Les faits rapportés dans cet

Ouvrage, dévoileront cette cruelle vérité, & en conftateront l'évidence par le feul expofé de la manière dont ils font traités chez leurs propriétaires : les voyages des obfervateurs, & l'Hiftoire du More-Lack, répandront quelques lumières fur cette grande caufe, une des plus fublimes fans doute qui ait jamais mérité d'intéreffer la fenfibilité & la compaffion des humains.... J'y joindrai mes réponfes préliminaires aux partifans de l'efclavage & à leurs injuftes réclamations. Je foumets enfin le tout au jugement des perfonnes éclairées & des Sociétés Philantropiques qui recherchent avec le zèle intrépide de la vérité, tous les moyens d'abolir la traite & l'efclavage des Nègres.

On attaquera fans doute mon ftyle,

& on aura raifon ; car j'éprouve qu'il eft bien au-deffous de ce que je fens dans mon cœur : mais je réclame l'indulgence de mes lecteurs. Je fuis jeune, Militaire ; voilà mon excufe : j'ai beaucoup voyagé, fouvent réfléchi & dans le cours de mes voyages, je n'ai eu ni le tems, ni l'avantage précieux de pouvoir m'éclairer par la lecture des ouvrages de ces hommes célèbres qui auroient dû être & mes maîtres & mes guides.

Quoique bien convaincu de ma foibleffe, le fentiment dont mon cœur étoit plein, m'a entraîné malgré moi à écrire & à hazarder (en tremblant) de mettre au jour ce premier fruit de mes obfervations dans ce genre.

En relifant attentivement mon ouvrage, j'ai toujours été indigné contre moi de me trouver fi inférieur au fujet fublime que j'entreprends de traiter. Puiffe l'aveu de ma foibleffe exciter quelque homme célèbre à le traiter plus dignement! Puiffe-t-il attendrir tous les cœurs, faire ceffer les crimes de l'Europe, nos forfaits en Afrique, nos meurtres en Amérique, & rendre l'exiftence, la liberté & le bonheur à cinq millions cinq cent mille Nègres, reftes infortunés de plus de vingt millions de créatures humaines, arrachées des côtes efclaves, pour les précipiter dans des tourmens fans fin.

On fait fans ceffe des voyages autour du monde, pour reconnoître un détroit, ou découvrir quelques îles défertes. On

n'en a pas encore fait un feul pour conf-
tater les fouffrances des Nègres efclaves,
& s'affurer des moyens les plus prompts
de remédier à leurs maux. La gloire &
l'immortalité feront la récompenfe des
protecteurs bienfaifans qui parviendront
à rendre la liberté à cette claffe la plus
fouffrante de tous les hommes : leurs
noms, confacrés dans les annales de
l'Hiftoire, feront toujours mémorables à
l'humanité .... toujours cités d'âge en
âge à nos générations futures, & toujours mis au premier rang dans les faftes
de la bienfaifance ; ... l'efpoir de rendre
la paix & la félicité à cent peuples
divers, leur offre un triomphe plus
éclatant, que toutes les victoires fanglan-
tes d'un Alexandre ou d'un Tamerlan.

En peignant les souffrances de cette classe infortunée de l'espèce humaine, si je répète quelquefois les mêmes idées, c'est qu'elles s'offrent mille fois par jour à mon cœur; c'est que des cruautés extrêmes exécutées de sang froid, & réitérées mille fois par heure, sont intolérables.... c'est que le tems, loin d'affoiblir l'horreur qu'elles inspirent, les rend toujours nouvelles & toujours plus affreuses.... Puis-je me taire un instant, tandis que la cupidité de quelques êtres féroces égorge tous les ans plus de cent mille Noirs en Afrique ou en Amérique?... Puis-je me taire, lorsque tout me retrace sans cesse les cruels traitemens de tant d'infortunés?.... Non, je serois coupable, si je n'élevois pas ma foible voix, quand je songe que, dans l'instant où j'écris, une foule de Noirs qui font mes femblables, fouffrent ou font expirans : jufqu'à ce que la bonté des Monarques & la fenfibilité des humains aient foulagé leurs maux, j'oublierai mon infuffifance, & je ne me lafferai jamais d'écrire. Je ne connois qu'une claffe d'hommes plus vile & plus odieufe encore, que celle des économes qui font les impitoyables bourreaux des Noirs : celle des colons barbares qui commandent de telles horreurs, ou qui les tolèrent : ce font eux qui les font égorger fur les côtes d'Afrique.... eux qui achétent les prifonniers des vainqueurs & des vaincus.... & ce font eux qui les font périr aux extrémités de la terre.

Oui, mes triftes & malheureux amis, mon cœur vous plaint, vous eftime & vous aime : je voudrois , au prix de mon fang , attendrir la dureté de vos maîtres , tarir la fource de vos peines , & vous faire goûter un rayon de félicité ; dans la fituation où le deftin vous a réduits , je ne fuis pas furpris que vous préfériez fouvent la mort à la vie : l'exiftence Américaine eft pour vous une mort lente , un fupplice fans fin ; & le doux repos de la tombe fut long-tems le feul afyle où vous efpériez trouver la fin de vos douleurs ; mais , foyez toujours fidèles à vos maîtres , & prouvez-leur par votre conduite que vous méritez notre eftime ; il exifte en Europe des ames fenfibles qui vous aiment , qui parlent pour vous , qui mettront au jour vos fouffrances , & foulageront vos tourmens. Vos fers font déja brifés dans plufieurs Etats Américains : oui , n'en doutez

pas ; fi vous continuez à le mériter, le
Grand-Efprit qui vous protège vous rendra tous libres , lorfque les tems fixés
par fa fageffe feront accomplis.

L E

LE
MORE-LACK.

PREMIERE PARTIE.

CHAPITRE PREMIER.

Voyage de Guinée.

Sensibles & vertueux habitans de l'Europe, qui ne connoissez pas les rigueurs cruelles de l'esclavage, souffrez qu'un Nègre d'Amérique, né aussi blanc que vous par un jeu de la nature, qui n'est pas sans exemple dans son pays, ofe vous peindre ici l'affreufe fituation où vous nous réduifez depuis fi long-tems.

Parce que le deftin nous donne une couleur d'ébène, avez-vous le droit de nous charger de fers?... Parce que nos pères, nos femmes & nos enfans font hors d'état de fe défendre, pouvez-vous, fans férocité, nous acheter, nous enchaîner, nous vendre dans un marché public, comme des animaux deftinés à la boucherie, pour nous faire éprouver aux extrémités de la terre toutes les horreurs réunies de la faim, de la mifère, du défefpoir, & fouvent même les fupplices les plus affreux?

Lecteurs compatiffans, ce n'eft point ici un roman ébauché dans l'efpoir d'amufer vos loifirs; c'eft l'hiftoire véritable des traitemens barbares dont vos femblables nous accablent depuis plus de deux fiècles; c'eft le cri de l'humanité gémiffante & perfécutée qui ofe s'élever jufqu'à vous, & dénoncer à toutes les nations la cruauté de vos facteurs & de vos colons : ce font les Nègres de l'Afrique & de l'Amérique qui invoquent les jugemens des magistrats & des souverains de l'Europe, & qui leur demandent justice des persécutions atroces dont on les accable en leur nom. Différerez-vous ou refuserez-vous toujours d'être les protecteurs de notre douloureuse existence? Nous que la providence a souris à votre empire, ne connoîtrons-nous nos maîtres que par des supplices, & n'aurons-nous jamais de part à votre bienfaisance ?

Qu'il me soit au moins permis d'entrer en lice avec vos colons Européens, & de leur prouver que, de toutes les actions de cruauté qui déshonorent l'espèce humaine, la plus odieuse, la plus sanguinaire, la plus injuste, celle qui mérite le plus la haine de tous les hommes & l'exécration de tous les siècles, c'est la *traite des Nègres.*

Grace aux bontés d'un maître généreux, j'ai été affranchi à trente ans. Le vif desir de revoir ma famille me fit embarquer au commencement d'Octobre sur le vaisseau le *Liverpool*, destiné à faire la traite des Nègres sur les côtes d'A-

frique. La traverſée fut heureuſe. Nous n'éprou-
vâmes d'autre perte que celle d'un matelot imprudent qui , s'etant endormi ſur le bord du
tillac, tomba dans la mer par un coup de vent
qui fit prodigieuſement pencher le vaiſſeau du
côté où il s'étoit malheureuſement couché. On
arrêta long-tems pour le chercher ; mais on
perdit de vue le lieu où il étoit tombé ; &
comme la mer étoit forte , il ne reparut point
à nos yeux.

Après avoir croiſé les îles Canaries & celles
du cap Verd , le 27 Décembre 1764 , nous
apperçûmes les côtes d'Afrique. Pluſieurs matelots crièrent : Terre ! terre ! avec ces cris de
joie & de raviſſement qu'on éprouve en revoyant
le ſoleil à la ſin d'une affreuſe tempête. Je de-
mandai au Capitaine quelle terre nous apper-
cevions. — Morelack , c'eſt la Guinée, me dit-il.
A ces mots, tout mon ſang treſſaillit dans mes
veines, & je brûlai de voir ces beaux climats
où mon père a reçu le jour. Je reſtai ſept heures
ſur le tillac, ſans que mes yeux puſſent ſe laſſer
de contempler les côtes fertiles de ma patrie,

Le lendemain 28, nous doublâmes le cap
Corfe, & nous prîmes terre à Bafalia. Le commandant du vaiffeau envoya fon lieutenant dans
une chaloupe, faire part de fon arrivée au roi
de cette contrée, lui offrir de l'eau-de-vie en
préfent, & l'informer qu'il venoit dans fes états
charger cinq cents efclaves pour l'Amérique.
Quoique je fuffe affranchi, il me pria de
fuivre fon lieutenant, & de me charger de
plufieurs préfens deftinés au fouverain de cette
contrée; lorfque nous fûmes dans fon palais, ces
préfens furent dépofés aux pieds du monarque
Africain.

Il nous reçut avec dignité, nous accueillit avec
orgueil, & nous promit qu'il fourniroit en peu
de tems cent fois plus d'efclaves que nous n'en
demandions; le lieutenant nous reconduifit à
bord, où nous attendîmes paifiblement la réalité
des promeffes qui avoient été faites au Lieutenant.

CHAPITRE II.

Comment se fait la traite des esclaves?

LE 29 Décembre, nous entendîmes des bords de la mer le bruit affreux des armes ; nous vîmes le même soir quatre villes qui toute la nuit & les deux jours suivans furent sans interruption devorées par les flammes. Dans le silence & l'horreur d'une nuit éclairée par de si grands feux on entendoit au loin les bruits confus des combattans & les cris affreux des victimes infortunées dont les trois quarts, égorgés ou consumés, ne laissoient après eux qu'un très-petit nombre de prisonniers destinés à porter des fers.

Le capitaine négrier & les gens de son équipage contemploient de sang-froid cet odieux spectacle ; Solam & moi nous en gémissions ; son sang étoit si agité qu'il ne put manger un morceau, il répandit quelques larmes, & voyant combien je souffrois, il me dit : More-Lack nous fommes mal ici, allons nous coucher; nous defcendîmes dans fa cabane, il la ferma & m'engagea à paffer la nuit près de lui, fous prétexte qu'il étoit malade; j'y confentis à regret, mais je vis bien qu'il vouloit m'empêcher d'être témoin des meurtres que des chrétiens commettent dans ces belles contrées, pour fatisfaire leur avidité & charger de chaînes tous ceux qui auroient le trifte bonheur de furvivre au maffacre de leurs familles.

Le 30 Décembre, plufieurs Africains vinrent à notre bord, nous apprendre que le roi avoit envoyé fon peuple faire la guerre à fes voifins, qu'il avoit été repouffé avec beaucoup de perte, mais qu'il alloit les attaquer encore, qu'il efpéroit fous deux jours nous amener beaucoup de prifonniers; le capitaine répondit que fur l'efpoir de cette promeffe il ne quitteroit pas la côte.

Le jour & les deux nuits fuivantes, nous vîmes encore des villages confumés entièrement. Le 2 Janvier, la ville de Seftro étoit en proie aux flammes les plus ardentes, & elle en fut dévorée le lendemain à dix heures du foir.

Le quatre Janvier le tems fut très-beau, mais il n'y eut aucun trafic, parce que nos commettans nous informèrent qu'à la vérité le roi avoit fait brûler trois villes, faccager tous les habitans, & mis beaucoup de Nègres à mort; mais qu'ayant été repouffé par les villes voifines, dont les peuples les avoient fecourues contre fon attente, fes propres gens avoient été contraints de s'enfuir dans les montagnes, fans avoir eu le tems d'emmener affez de prifonniers pour fournir le nombre d'efclaves que le capitaine avoit demandés.

Il eft à propos de remarquer ici, que dans ces combats particuliers, d'après le rapport des Africains qui vinrent à notre bord; il y avoit eu plus de quatre mille hommes mis à mort, & cela pour parvenir fans fuccès à nous fournir quatre ou cinq cents prifonniers, tant il eft vrai que tous les Nègres en général, préfèrent la mort à un efclavage éternel.

Le capitaine Atkinfon, ne voyant plus d'efpoir de pouvoir compléter fa traite fur cette contrée; fit mettre à la voile le cinq Janvier, & nous partîmes à fept heures du matin, fans autre fuccès que d'avoir porté l'effroi, le meurtre & la défolation dans ces riches contrées, d'y faire frémir tous les habitans au feul nom des Européens, en les confidérant comme des bourreaux qui viennent les faire égorger jufques dans leurs chaumières, réduire leurs habitations en cendres, charger de chaînes leurs femmes & leurs enfans, leurs frères & leurs pères, pour leur faire fouffrir l'efclavage le plus inhumain qui ait jamais exifté fur toute la terre depuis deux mille ans.

Ce que je viens de tracer n'eft encore qu'une foible image des rigueurs cruelles qu'on nous impofe; nous qu'on appelle des fauvages, nous plions tranquillement fous le poids des fers, & nous nous foumettons à la férocité de nos perfécuteurs : mais vous qui prétendez être civilifés, éclairés & favorifés des connoiffances fublimes & ineftimables d'une religion divine, dont une des premières loix eft la paix, la douceur, l'amour de vos femblables, le pardon des injures, & l'amour même de vos ennemis, pourquoi oubliez-vous de fi beaux préceptes? cette morale fi pure & fi confolante, n'eft donc pour vous qu'un jeu d'enfant deftiné à amufer vos loifirs? Elle n'exifte donc plus dans la pratique, dès qu'elle contrarie vos defirs ambitieux, & cette cupidité cruelle qui révolte la raifon, la nature & l'humanité?

Pourquoi faites-vous fouffrir tous les fléaux de la guerre & de l'efclavage à une partie innocente des peuples de la terre, qui jamais ne vous ont fait de mal? Nous qui vous avions accueilli dans nos terres avec tous les témoignages de la plus fincère amitié!

CHAPITRE III.

Massacres sur les bords de la rivière de Gambia.

LE lendemain, nous rencontrâmes le vaisseau le *New-York*, qui revenoit de la rivière de Gambia, où il se fait tous les ans un très-grand commerce d'esclaves. Le commandant y avoit trouvé les mêmes obstacles que nous venions d'éprouver devant la ville de Seftro. Le Roi de Barsally qui gouverne cette contrée, lui avoit promis de lui fournir tous les esclaves qu'il desireroit pour les échanger contre des marchandises d'Europe. Dans cette intention, il avoit envoyé son peuple saccager quelques villes ennemies, avec ordre de prendre, & d'enchaîner tous ceux qu'ils pourroient faire prisonniers. Ayant été repoussé plusieurs fois par ses ennemis, il avoit été forcé de se battre en rase campagne; il y avoit eu un carnage horrible qui avoit duré deux jours entiers, & durant tout ce tems, les attaques avoient été fi fanguinaires, que quatre mille cinq cents hommes étoient reftés morts ou expi- rans fur le champ de bataille. Le lendemain, on avoit vu le fol enfanglanté couvert de veuves qui venoient y pleurer leurs maris, de mères qui arrofoient de larmes leurs enfans égorgés, & des orphelins qui couvroient de pleurs & de cris les cadavres fanglans de leurs pères.... Le Chirurgien du vaiffeau le New-York, témoin de toutes ces défolations, avoit été voir leur champ de bataille, & avoit vu le fol couvert des morts & des agonifans; il nous dit que jamais aucun fpectacle ne lui avoit paru auffi affreux, & que, dans toute fa vie, il n'avoit jamais été auffi douloureufement attrifté.

O Magistrats! ô fouverains de l'Europe! vous qui dormez paifiblement dans vos pa- lais, tandis qu'on nous égorge, vous ignorez toutes ces atrocités; c'eft cependant en votre nom qu'elles font commifes fur les côtes d'A- frique. Avant d'avoir vu vos vaiffeaux fréquen- ter nos ports, nous ne connoiffions pas l'horreur de ces guerres inteſtines que vos facteurs inhumains viennent tous les ans exciter parmi nous; avant de vous avoir connus, & d'avoir goûté de vos liqueurs meurtrières, nos princes ne ſacrifioient pas le ſang de leurs peuples à votre cupidité, & ne s'empreſſoient pas de maſſacrer leurs propres ſujets pour vous procurer des eſclaves. Hommes penſans, de quelque nation que vous puiſſiez être, vous ne ſavez pas ſans doute comment on s'y prend pour ſatisfaire vos deſirs ! vous ne le ſavez pas : mais je vais vous l'apprendre, non par des paroles, mais en vous citant des faits connus dans toutes nos îles, & que j'oſe défier aucun habitant de déſavouer.

Francis Moor, facteur de la compagnie d'Afrique, arriva dans la rivière de Gambia, pour y faire la traite des Nègres. Il fit annoncer au roi, qu'il étoit entré dans ſes états, pour y charger des eſclaves, & lui envoya en même tems deux barils d'eau-de-vie. Le roi lui fit répondre, par le gouverneur Anglois qui réſide au fort Saint-James, que, s'il avoit aſſez de marchandiſes ou de meubles d'Europe, il lui fourniroit très-certainement affez d'efclaves, pour fuffire au charge-ment de fon vaiffeau. Le traité ayant été accepté, le roi de Barfally donna ordre de faccager deux villes ennemies, & d'en mettre aux fers les mal-heureux habitans; mais ayant été conftamment re-pouffé, le monarque Nègre, dans fon ivreffe, avoit ordonné à fes troupes de furprendre une des villes de fon pays, & d'enlever, parmi fes propres fujets, dans la nuit, le nombre d'efclaves deman-dés par le gouverneur de Saint-James.

Le lendemain au matin, on vit arriver trois cents hommes de fon propre peuple, qu'on avoit garrotés. Il fit dire au capitaine Anglois, qu'il avoit de quoi completter fa traite, & qu'il eût à lui envoyer, en retour, les meubles & mar-chandifes qu'il lui avoit promis en échange : ce qui fut ponctuellement exécuté.

Avares négocians de l'Europe, vous caufez feuls tous nos malheurs, & vous ne ceffez de les aggra-ver par vos barbares traitemens ! C'eft vous qui portez à nos princes, cette liqueur fatale qui les prive de leur raifon, & les excite, dans leur fureur, à commettre des millions de crimes, pour fatisfaire à votre cupidité! vous feuls êtes les vrais auteurs de tant de meurtres & de forfaits! vos préfens font des poifons qui nous font funeftes! Si vous ceffiez de nous les apporter ces liqueurs brûlantes qui nous excitent à la fureur; fi vous n'ajoutiez pas à ce crime, le crime plus grand encore de nous acheter comme de vils animaux, toutes ces horreurs fanguinaires n'exifteroient plus parmi nous.

N'imaginez pas que je vous en impofe; interrogez les capitaines qui font le commerce de nous acheter & de nous vendre, ou plutôt ouvrez le journal même de leurs voyages, & vous faurez alors que More-lack vous dit la vérité.

CHAPITRE IV.

Voyage d'André Brue sur les côtes du Sénégal.

ANDRÉ Brue, dont j'aurai occasion de parler dans la suite, étoit un homme honnête, humain & doué de beaucoup de connoissances utiles au gouvernement & au commerce maritime. Il aborda à Rufisco dans le Sénégal, sur les états du roi de Cayor appellé Damel, & y paya les droits d'usage que chaque vaisseau étranger donne aux Alkadis pour avoir la permission d'y prendre du bois, de l'eau douce & les autres approvisionnemens d'un vaisseau.

Il parcourut les campagnes des environs, qui lui parurent fertiles, bien cultivées, & beaucoup de prairies couvertes de bœufs & d'autres bestiaux; il visita plusieurs maisons particulières du roi de Cayor, où les gardes Nègres & les surveillants de l'intérieur, le reçurent avec la plus grande distinction.

II

Il visita le pays des Foulis où règne un empereur nommé *Siratik*; ce prince instruit de l'arrivée de Brue dans ses états; lui dépêcha un courier pour lui dire qu'il desiroit de le voir. Les comestibles, les marchandises de cette délicieuse contrée, y sont au prix le plus modéré. Un bœuf entier, au rapport des voyageurs & des historiens, n'y coute que trente sols; une chèvre ou un mouton, trois sols; les dents d'éléphans sont à raison de deux liards la livre pesant, & tous les autres objets de commerce en proportion.

Brue ayant avancé avec son vaisseau, jusques au port de Ghiorel, fit jetter l'ancre & tirer trois coups de canon. Le Farba du canton, qui étoit l'oncle du Siratik, vint auffitôt lui faire une visite & lui donna beaucoup de marques d'amitié; le soir même un des fils du Siratik se rendit à son bord, & l'affura que son père avoit la plus grande estime pour les François, & qu'il auroit grand plaisir à le voir. Ce compliment fut accompagné d'un présent de deux bœufs gras, & d'une petite boëte d'or pesant une once.

I. Partie. B

Le général fit auſſi ſes préſens au prince Africain , & le ſalua de pluſieurs coups de canon ; enſuite ayant fait deſcendre ſes facteurs pour commencer le commerce , il trouva dans le village tant d'avidité pour ſes marchandiſes , que ſes barques furent bientôt chargées de celles du pays.

Le Siratik n'eut pas plutôt appris l'arrivée des François , qu'il fit complimenter Brue par ſon *Bouquenet* ; c'eſt-à-dire, par le grand-maître de ſa maiſon.

Cet officier étoit un vieillard vénérable d'une fort belle taille , ayant la barbe & les cheveux gris ; ce qui marque parmi les Nègres une vieilleſſe fort avancée : mais il n'en paroiſſoit pas moins vigoureux, moins vif & moins poli ; ſon nom étoit *Baba Milé.* Après les premiers complimens , il reçut les préſens accoutumés ; c'étoit des étoffes noires & blanches de coton, quelques pièces de drap & de ſerge écarlate, du corail , de l'ambre jaune, du fer en barre, des chaudrons de cuivre, du ſucre, de l'eau-de-vie, des épices, de la vaiſſelle & quelques pièces de monnoie d'argent au coin de Hollande, avec un surtout de drap d'écarlate à la manière du Brandebourg, & deux boëtes pour renfermer la partie la plus précieuse des présens : le Bouquenet reçut aussi les droits qui revenoient aux femmes du prince, & qui montoient à la moitié des premiers, sans oublier ce qui lui revenoit à lui-même.

Le Kamalinge, ou le lieutenant-général du roi, vint recevoir à son tour le présent ou droit annuel qui devoit lui être payé, tous ces droits pouvoient ensemble se monter à la somme de quinze à dix-huit cents livres. Le Bouquenet offrit au général trois grands bœufs de la part du roi; & l'ayant invité à se rendre à la cour, il fit paroître les officiers destinés pour le conduire : on avoit déja préparé un grand nombre de chevaux pour les gens de sa suite & des chameaux pour transporter ses bagages.

Le jour suivant, Brue prit terre au bruit de son canon, & se mit en marche pour la cour du Siratik, suivi de ses facteurs, de deux interprètes, de deux trompettes, des hautbois, de ses

domeftiques & de douze Nègres libres & bien
armés : il traverfa un pays uni & bien cultivé,
plein de villages & de petits bois. En appro-
chant de Bukar, il découvrit de vaftes prairies
tellement remplies de toutes fortes de beftiaux,
que les guides du général avoient peine à trouver un libre paffage ; le convoi ne put arriver
à Bukar qu'à l'entrée de la nuit.

Le prince de Siré, à qui le village appartenoit, vint au-devant des François à la tête de
trente chevaux. Lorfqu'ils furent près l'un de
l'autre, ils mirent pied à terre & s'embrafsèrent :
enfuite étant remontés à cheval, ils entrèrent
dans le village, & ce prince conduifit fon hôte
dans une maifon qu'il avoit fait préparer pour
lui, dans le même enclos de l'habitation de fes
femmes. Après l'avoir introduit dans fon appartement, il le laiffa feul un inftant ; peu de tems
après, le général fut conduit à l'audience de la
princeffe : fes traits étoient réguliers, fes yeux
vifs & bien fendus, fa bouche petite & fes dents
très-blanches ; fon teint couleur d'olive auroit
beaucoup diminué les agrémens de fa figure, fi

elle n'eût pris soin de la relever avec un peu de rouge.

Elle reçut Bruc fort civilement, & le remercia de ses présens avec beaucoup de grace; il fit successivement sa visite à deux ou trois autres femmes du prince: après quoi retournant auprès de lui, il fut reconduit à l'heure du souper dans son appartement où il trouva plusieurs plats de kuskus, du sanglet, des fruits & du lait en abondance qui lui étoient envoyés par les femmes du prince. Quoiqu'il se fût fait préparer à souper par son cuisinier, la civilité lui fit goûter de tous les mets Africains.

Vers la fin de ce repas, le prince vint s'asseoir sans cérémonie, mangea du dessert, but plusieurs coups de vin & d'eau-de-vie, & se mit à fumer avec lui, jusqu'à ce qu'on fût venu l'avertir que tout étoit prêt pour le folgar ou le bal. Ils aiment à s'y entretenir agréablement de tout ce qui les intéresse, & cette conversation fait un de leurs plus grands plaisirs.

C'est dans ces cercles qu'on remarque, disent les Voyageurs, l'étendue surprenante de leur mémoire , & combien ils feroient de progrès dans les fciences, fi leur efprit naturel étoit cultivé par l'étude.

Le lendemain , le prince accompagna Brue pour fe rendre au palais du roi, qui eft à une demi-lieue du village de Gumel. La demeure de ce prince eft compofée d'un grand nombre de cabanes qui font environnées d'un enclos de rofeaux verts , entrelacés & défendus par des haies vives d'épines noires , & fi ferrées, que le paffage en eft impoffible aux bêtes fauves. Le roi, informé de l'approche du général, envoya les principaux feigneurs de fa cour au-devant de lui; de forte qu'en arrivant au palais, fon train étoit d'environ trois cents chevaux. Tout ce cortège defcendit à la première porte, excepté le général , le prince de Siré, & le kamalinge qui entrèrent à cheval , & ne mirent pied à terre qu'à deux pas de la falle d'audience.

Brue trouva le Siratik affis fur un lit avec quelques-unes de fes femmes qui étoient à terre fur des nattes. Ce prince fe leva , fit quelques pas au devant de lui la tête découverte , lui donna plufieurs fois la main, & le fit affeoir à fes côtés.

On appella un interprète. Alors Brue déclara qu'il étoit venu pour renouveller l'alliance qui fubfiftoit depuis un tems immémorial entre le Siratik & la compagnie Françoife. Il fit valoir les avantages que le Prince pouvoit efpérer de cet heureux commerce ; & pour conclufion, l'affura de fes fentimens particuliers de refpect & de zèle. Pendant que l'interprète expliquoit ce difcours, Brue obferva que la fatisfaction du Siratik s'exprimoit fur fon vifage. Il prit plufieurs fois la main du général pour la preffer contre fa poitrine. Ses femmes & fes courtifans répétoient avec la même joie : *Les François font une bonne nation : ils font nos amis.*

Le Siratik répondit au général d'un ton fort civil, qu'il lui rendoit graces d'être venu de fi loin pour le voir ; qu'il avoit une véritable affection pour fa compagnie & pour fa perfonne en particulier ; qu'il lui accordoit la liberté d'établir des comptoirs dans toute l'étendue de fes états, & même d'y bâtir des forts pour leur sûreté. Il combla le général de careffes, le fit fumer dans fa propre pipe, & le reconduifit lui-même jufqu'à la porte de la falle.

Deux officiers qui étoient à l'attendre le menèrent enfuite à l'audience des reines & des princeffes filles du roi ; il fit à toutes ces dames des préfens moins confidérables par le prix que par l'agrément & la nouveauté.

Une des reines ayant obfervé que, pendant l'audience du Siratik, Brue avoit regardé avec beaucoup d'attention une princeffe de dix-fept ans qui étoit fa fille, s'imagina qu'il avoit pris de l'amour pour elle, & propofa au roi de la lui donner en mariage. Ce prince y confentit, & fit offrir à André Brue (qu'il avoit connu depuis long-tems & pour lequel il avoit une tendre affection) de lui donner les premiers poftes de fon royaume avec un grand nombre d'efclaves, s'il vouloit refter avec lui. Brue s'excufa fur ce qu'étant marié, fa religion ne lui permettoit d'avoir qu'une femme. Les princeffes répondirent que les femmes d'Europe étoient bien heureufes ; elles demandèrent naïvement à

Brue comment il pouvoit vivre si long-tems séparé de la sienne, & ce qu'il pensoit de sa fidélité durant son absence.

Le lendemain, le Siratik se rendit à la salle
d'audience, pour y administrer la justice à ses
sujets. Brue, curieux d'assister à ce nouveau
spectacle, obtint d'être placé dans un lieu d'où
il pouvoit tout voir sans être apperçu. Il trouva
le Siratik environné de dix vieillards qui écoutoient les parties séparément, & qui lui rap-
portoient ce qu'ils avoient entendu; après quoi
ce prince, sur l'avis des mêmes conseillers, prononçoit la décision: elle étoit exécutée sur le
champ. Chacun plaidoit sa propre cause; sans
avocat ni procureur; dans les causes civiles, il
revient un tiers de dommages au roi.

Il y a peu de crimes parmi les Nègres. Le
meurtre & la trahison sont les seuls qui soient
punis de mort : la punition ordinaire est le
bannissement pour les autres crimes ; c'est à-
dire que le roi vend les coupables à la compagnie, & dispose de leurs effets à son gré.

Quoique ce canton ne soit pas le plus fertile

du pays, la culture y fait régner l'abondance ;
les habitans en font beaucoup plus induſtrieux
que le commun des Nègres ; ils font un commerce conſidérable avec les Mores du déſert. Ils
aiment la chaſſe, & l'exercent avec beaucoup
d'habileté : ils ſe ſervent fort adroitement du
ſabre, de la zagaie, de l'arc & des flèches ; &
ceux qui ont appris des François l'uſage des
armes à feu, s'en ſervent avec une adreſſe ſur-
prenante. Ils ont l'eſprit plus vif que les Jaloſs,
& leurs manières font plus civiles. Ils aiment la
muſique, & jouent de pluſieurs inſtrumens ; leur
ſymphonie n'eſt pas ſans agrément : ils ont auſſi
beaucoup d'inclination pour la danſe, ſur-to..
au retour du travail des champs, ou d'une chaſſe
fatigante.

Brue aſſiſta auſſi à une chaſſe au lion que le
roi pourſuivit en perſonne. Les chaſſeurs l'atta-
quèrent ; il ſe défendit avec tout le courage
qu'il a reçu de la nature ; il tua deux Nègres,
en bleſſa dangereuſement un troiſème, qu'il auroit achevé ſi, par le coup le plus heureux, un
des Laptos ne l'eût tué ſur le champ. Il fut

porté au palais comme en triomphe, & le roi fit présent de fa peau au général Brue. C'étoit un des plus grands lions qu'on eût jamais vus dans le pays.

La fuite du voyage de Brue dans le Sénégal, annonce qu'il a obfervé par-tout des peuples civilifés, laborieux, cultivateurs & commerçans dans toutes les productions de leurs pays; des hommes fpirituels, capables d'acquérir toutes les connoiffances européennes, & fi bien organifés, qu'ils réuffiffent parfaitement dans tout ce qu'ils entreprennent. On remarque enfin dans leurs établiffemens, leurs loix, leur juftice, & jufques dans leurs plaifirs, une fageffe & une pénétration qui ont toujours furpris les Européens, fur-tout ceux qui, trompés par les fauffes relations des colons Américains, ne s'attendoient à trouver parmi eux que des êtres brutes ou des animaux deftitués de jugement & de raifon.

J'ai cru néceffaire de rapporter les obfervations de cet illuftre voyageur, fur cette grande

partie d'Afrique où l'on fait un commerce immenfe d'efclaves, afin d'expofer au grand jour
les calomnies que nous leur imputons fans autre
fondement que celui de juftifier notre tyrannie,
& pour faire voir à leurs oppreffeurs que s'ils ont
perdu la raifon ou s'ils font deftitués de fentiment
dans nos îles, c'eft une fuite naturelle des horreurs de l'efclavage & des traitemens barbares
qui énervent le corps, détruifent les organes,
aviliffent l'ame, & étouffent quelquefois dans
l'homme les plus belles fonctions de fon être.

Ce chapitre n'eft prefqu'entiérement qu'une
copie littérale extraite des voyages de Brue,
telle qu'elle a été publiée par M. de la Harpe.
Comme elle faifoit partie des mémoires du
More-Lack; que fes détails étoient parfaitement
d'accord avec tous les faits annoncés par notre favant Académicien; que Brue les avoit rendus d'une
manière prolixe, & qu'il faifoit par-tout fentir
avec une affectation exagérée le contrafte de la
douceur, l'affabilité & le génie du prince &
des peuples de fa nation, avec l'ingratitude dont

nous avons payé leurs bienfaits. . . . J'ai préféré de supprimer des répétitions & des exclamations ennuyeuses, pour suivre l'exacte narration d'un auteur estimable, célèbre par beaucoup d'ouvrages intéressans qui lui ont acquis une réputation distinguée.

Je continue maintenant les extraits du More-Lack.

CHAPITRE V.

Les voleurs d'enfans.

MALGRÉ la calomnie & les préjugés injustes qui veulent nous séparer de l'espèce humaine; ô Européens, nous sommes des hommes faits comme vous, sujets aux mêmes passions & aux mêmes foiblesses, doués des mêmes organes, des mêmes facultés, & possédant une ame sensible, réfléchie & intelligente; nous sommes vos frères, vos égaux, vos amis, & nous n'ignorons pas qu'il existe encore sur la terre des hommes justes & vertueux qui gémissent des malheurs de notre exiſtence, & en ont ſouvent publié les témoignages les plus frappans. Jonh Hume, Whitefield, Adanſon, William Smith, la Reine Elizabeth, Monteſquiou, Louis XIII & l'Impératrice des Ruſſies ſont des noms chéris qui ont fait ſouvent treſſaillir nos ames. Dans le faſte des cours, ils ont oſé former des vœux en notre faveur ; & dans le ſein même de vos tribunaux, ces grands hommes ont fait retentir leurs voix pour faire adoucir nos malheurs. Quoique nos maîtres barbares cherchent à nous le cacher, il n'eſt pas un de nous qui l'ignore, dès qu'il eſt homme ; & les noms immortels de nos protecteurs bienfaiſans ſont ſi bien gravés dans nos cœurs, qu'ils n'auroient pas beſoin du ſecours des livres ou de l'hiſtoire pour être tranſmis à la poſtérité du père aux enfans.

Nous ſavons auſſi qu'il ſe forme de toutes parts des ſociétés philantropiques qui, par leurs écrits, leurs démarches & leurs généreux ſecours, tentent tous les moyens qui leur paroiſſent propres à nous rendre à la vie & au vrai bonheur ; s'ils avoient vus comme moi

toutes les barbaries des facteurs Européens &
les traitemens des colons Américains, ils auroient écrit & parlé bien différemment encore.

Leurs exemples de cruauté, pouffés à leur
comble, font parvenus, à l'aide des préfens
& des promeffes, à corrompre & féduire plufieurs de nos habitans. Ils emploient les mauvais fujets qui fe trouvent fouvent fur nos côtes
à faire ufage de toutes les voies de l'intrigue,
de la fineffe & de la trahifon, pour enlever des
Nègres à leurs familles, les attirer dans les ports
& les vendre furtivement fans qu'ils s'en dou-
tent. Le voleur difparoît un inftant. Le Nègre
vendu le cherche; il eft arrêté par les Anglois
comme efclave : il a beau s'écrier qu'il eft libre;
perfonne ne prend fon parti, dès qu'on voit le
traité paffé par écrit entre le Capitaine & le
marchand qui l'a vendu frauduleufement.

Il n'eft point de rufes que ces déteftables
courtiers ne mettent en ufage pour voler des enfans à leurs pères, & les livrer aux capitaines
négriers.

Tandis que leurs parens font occupés à la

garde des bleds & du foin des moiffons, ces malheureux attirent les enfans en leur offrant des jeux, des fruits, des petits couteaux ou d'autres amorces flatteufes ; & lorfqu'ils font écartés des habitations, ils leur mettent un mouchoir fur la bouche, & les enlèvent pour les précipiter tous vivans au fond de vos vaif-feaux, en les abîmant de coups, ou leur ferrant leurs petites jambes avec beaucoup de force, lorfqu'ils font le moindre mouvement pour fe débattre ou s'enfuir. Afin de n'être pas décou-verts, ils ne marchent que la nuit; & par des chemins détournés, ils les conduifent jufques au port où les vaiffeaux Européens font en rade : d'autres s'y prennent plus adroitement encore. Comme l'opprobre, la honte & la vengeance publique puniroient ces infâmes bri-gands, afin de fe fouftraire à la fureur des habi-tans, & continuer ce commerce à l'abri de tous les dangers dont ils feroient bientôt les victimes, ils portent ordinairement avec eux une certaine quantité d'étoffes & de bijoux d'Europe : ils vont jufques à fix ou fept cents milles dans l'in-

térieur

térieur des terres chez plusieurs princes de nos voisins : lorsqu'ils en ont l'occasion, ils les vendent avec bénéfice ; mais ils ne vendent jamais la totalité, afin de pouvoir justifier qu'ils font des marchands.

Ils dirigent leur marche vers les lieux écartés où ils espèrent pouvoir enlever des enfans ; & lorsqu'ils les ont attirés adroitement vers l'endroit isolé où leur associé les attend avec e petit chariot couvert qui porte leurs marchandises, ils ferment la bouche à ces petits infortunés avec un morceau de toile bien serrée, leur donnent cinq ou six soufflets vigoureusement appliqués fur les oreilles pour les étourdir, & les jettent dans cet état au fond de leur petit chariot, avec menace de les tuer, s'ils font le moindre mouvement. Ces innocentes victimes, anéanties des coups qu'elles ont reçus & de la frayeur qu'on leur inspire, restent immobiles les unes couchées fur les autres, & font ainsi conduites fans être apperçues jusques aux vaisseaux négriers. Qui croiroit que de telles actions font tolérées, encouragées & récompensées par des Européens ?

Qui croiroit enfin que nos princes ne se sont presque plus la guerre entr'eux, que lorsqu'ils ont l'espoir de vendre leurs prisonniers à des capitaines Américains, François, Anglois, &c? C'est à la suite de ces expéditions sanguinaires où tant de malheureux sont massacrés, que le petit nombre des prisonniers sont conduits dans les villes les plus prochaines. C'est dans des *truncks*, qui sont des salles de putréfaction où, crainte de les voir s'enfuir, on les tient renfermés nuit & jour; qu'ils sont obligés de confondre tous leurs excrémens: c'est - là qu'on éprouve ces odeurs infectes qui font évanouir les Européens qui y entrent seulement un quart-d'heure, & qu'on fait subir aux malheureux qu'on y retient jusques à leur départ un supplice continuel qui épuise en peu de jours leur santé & leur vigueur.

C'est dans ces lieux d'horreur & de consternation où sont exposés en vente les Nègres destinés à la traite; c'est-à-dire à être vendus au plus offrant, à être mis à la chaîne, & à se voir condamnés à l'esclavage pour le reste de leurs jours dans les Indes ou en Amérique. C’eſt dans ces marchés affreux, où nos pères, nos femmes, nos vieillards, nos enfans, nus comme des vers, ſont vendus aux Européens, comme on vend en France un cheval, un bœuf, un âne ou des agneaux deſtinés à être égorgés pour la nourriture humaine ; c’eſt-là que, ſous de ſimples hangards, on voit mille créatures ſenſibles, dépouillées de tous vêtemens, dévorées par le déſeſpoir, ſe fondre en larmes, implorer vainement votre pitié, ſans obtenir un ſoupir, expoſées au contraire à des railleries brutales & groſſières, ſans éprouver d’autre adouciſſement à leurs douleurs cruelles, que la certitude d’être bientôt vendues pour porter vos chaînes, & arroſer l’Amérique de leurs ſueurs, de leurs larmes, & ſouvent à répandre leur ſang dans les tourmens d’une mort lente & prématurée.

CHAPITRE VI.

Transport des esclaves. Visite des chirurgiens.

LORSQUE les facteurs ou capitaines Européens ont déterminé le nombre des esclaves qui leur est nécessaire, & fixé le prix ou les marchandises qu'ils veulent donner en échange, les officiers du roi, chargés de les faire garder, les font enchaîner deux à deux, & conduire à leurs frais jusques à la côte où les vaisseaux qui les ont achetés font en rade.

Ces pauvres esclaves, arrivés sur les côtes de la mer où les facteurs Européens les attendent, pour éviter la dépense de les nourrir à terre, font exposés par le facteur Nègre aux yeux de tous les Blancs, & sans aucune distinction d'âge ni de sexe, nous sommes obligés alors de souffrir encore la visite cruelle des chirurgiens & des chefs du vaisseau. Durant leurs observations, tandis que nos cœurs font déchirés de nouveau par le défespoir le plus accablant, & fur-tout par l'idée affreufe & naturelle qu'on n'examine fi nous fommes fains & bien portans, qu'afin de nous deftiner à être égorgés & mangés par les blancs, nous avons encore à effuyer des infultes groffières, des railleries indécentes, & des frayeurs cruelles, qui s'augmentent fur-tout lorfqu'on palpe nos chairs pour voir fi nous fommes gras, de la même manière que nous examinons un veau ou un mouton dans nos marchés publics.

Quand vos chirurgiens nous ont attentivement examinés, ceux d'entre nous qu'ils jugent fains, agiles, robuftes & bien conftitués, ils les approuvent comme bons, les reçoivent au compte du capitaine; &, ainfi que des chevaux ou des bœufs, il les fait auffi-tôt marquer avec un fer brûlant, qui imprime fur leurs épaules ou leur poitrine, les lettres initiales du nom du vaiffeau ou du commandant qui les a achetés. Auffi-tôt, enchaînés deux à deux, nous fommes conduits au fond du navire, qui, du-

rant deux ou trois mois, doit nous fervir de prifon, & fouvent de tombeau.

Mais le tranfport des efclaves depuis la côte
jufques au vaiffeau ne pouvant s'exécuter que
par les voyages multipliés des chaloupes, le
défefpoir qui nous accable porte fouvent quelques-
uns de nous à tromper la vigilance des gardes qui
les environnent, & à fauter du canot dans la mer.
Beaucoup de Nègres ont fouvent préféré de refter
au fond des flots, jufqu'à ce que l'eau les étouffât,
plutôt que de fe fauver jufqu'à terre à la nage,
dans la crainte qu'étant repris, ils ne fuffent
traités plus rigoureufement encore. Dans la
dernière traite que le capitaine Phiiipps a faite
en Guinée chez le roi de Juida, il perdit douze
Nègres qui fe noyèrent volontairement dans la
mer, fans qu'on les ait jamais vus reparoître :
tant eft forte leur averfion naturelle pour l'efclavage.

Cependant comme ils font furveillés de près,
le plus grand nombre arrive ordinairement dans
le vaiffeau, & font auffi-tôt defcendus à fond de
cale. C'eft-là que cinq ou fix cents malheureux,

entaffés pêle & mêle dans un efpace très-refferré, ne voyent la lumière que par l'ouverture des écoutilles, refpirent nuit & jour un air peftiféré qui, n'étant jamais renouvellé, refte fans ceffe corrompu par le féjour conftant des exhalaifons humaines, des alimens qu'on nous donne & des excrémens qui y féjournent : du mélange de toutes ces exhalaifons putrides réfulte une infection douloureufe qui corrompt notre fang & nous donne une foule de maladies inflammatoires qui font périr le quart & quelquefois le tiers de tous les efclaves dans le feul efpace de deux mois ou deux mois & demi que dure ordinairement la traverfée.

O mon cher lecteur, foit que le deftin t'ait placé une couronne fur la tête ou une bêche à la main, rentre au fond de ton cœur, & jette un coup-d'œil fur la trifte fituation où tes facteurs Européens nous plongent depuis fi long-tems ! Tandis que tu lis cet ouvrage, fonge que dans ce même inftant tes capitaines négriers exécutent dans ma patrie toutes les horreurs que je viens de peindre; que c'eft en ton nom & fous le régime de tes loix, qu'ils commettent fans remords une foule de crimes atroces!

Examine-toi-même s'il peut exifter jamais un fort plus affreux & une condition plus miférable que celle que la cupidité nous fait éprouver nuit & jour dans les horreurs de l'efclavage! ofe élever ta voix, & faire rougir au moins une fois nos impitoyables bourreaux!

Européens éclairés, ne croyez pas aux fables que ces hommes dénaturés vous débitent froidement en Europe pour cacher leurs forfaits; gardez vous d'ajouter foi à leurs calomnies, lorfqu'ils prétendent que nous fommes des animaux privés de fentiment & de raifon : la feule relation des voyages de Brue & de plufieurs autres navigateurs finccres, témoignages confirmés par tous les obfervateurs & voyageurs impartiaux, vous prouvent évidemment le contraire. Sachez qu'il n'en eft pas un feul de tous ceux que vous arrachez à notre patrie qui n'ait quelque tendre attachement de cœur que vous avez rompu; pas un enfant, qui ne regrette

douloureusement ses parens ou son père ; point
de femme, qui ne pleure une mère, une sœur,
une amie ; point d'homme, qui ne dévore au
fond de son cœur ulcéré le désespoir des tendres
liens que vous avez brisés par une séparation
violente & cruelle ; oui, j'ose vous le dire avec
franchise, il n'est pas un de vos esclaves qui,
dans la vérité de son cœur, ne vous regarde
comme des bourreaux homicides qui massacrez
& foulez sous vos pieds tous les sentimens les
plus doux de la nature.

Hommes cruels & implacables, si vous saviez
lire au fond de nos ames, & que nos justes
plaintes ne fussent pas réduites au silence le plus
rigoureux, ou punies des plus terribles châtimens ; là, vous verriez un père expirant qui
vous diroit : Tu m'as séparé d'un troupeau
d'enfans encore jeunes que mon travail nourrissoit, & qui vont périr de faim & de misère.
Plus bas, vous trouveriez une mère au désespoir
que vous avez arrachée des bras d'un époux ou
d'une fille chérie qui touchoit au moment de
se marier. Plus loin, de jeunes enfans dérobés à

leurs familles qui , en verfant des torrens de larmes entrecoupées de fanglots , s’écrient : *Paou, paou, bulla :* (*Mon pére , mon pére , donne-moi ta main.*) A côté d’eux, une jeune fille confternée qui pleure la tendreffe d’une mère ou d’un amant dont elle étoit fincérement aimée : par-tout des créatures défolées de n’avoir pas eu la trifte confolation de mêler leurs larmes à celles de leurs pères ou de leurs parens en les quittant pour jamais ; dans tous les cœurs vous trouveriez enfin la honte & l’indignation concentrées , capables de toutes les extrémités où le défefpoir peut porter.

Il eft vrai que, fur vos vaiffeaux , les moindres murmures & la plus légère défobéiffance y font punies avec la dernière rigueur. Lorfque le capitaine Philipps eut fini le chargement de fes Nègres d’Afrique, il y en eut beaucoup qui refusèrent de manger, dans l’efpoir de finir leurs tourmens par une mort plus prompte. Quelques officiers du vaiffeau confeillèrent au capitaine de faire couper les bras & les jambes aux plus entêtés, afin d’effrayer tous les autres.

Ce commandant humain refufa de le faire, difant : *Ils font bien affez malheureux, fans leur faire fouffrir encore des fupplices auffi cruels.* C'eft avec joie que je rends juftice à cet homme honnête, en publiant fa générofité : mais c'eft avec douleur que je fuis réduit à ne connoître que lui qui ait eu cette humanité, & à déclarer ici, que plus de cent facteurs ont fait fubir cet horrible tourment à beaucoup de Nègres, fur le feul refus de manger. Ce fupplice eft certainement plus douloureux fur des êtres vivans, que celui d'être rompu en Europe, où les criminels font ordinairement étranglés avant d'être frappés. Il s'exécute fur mer avec une barre de fer, dont les coups réitérés brifent en plufieurs endroits les bras & les jambes des Nègres tout-vifs : dans la violence des douleurs qu'ils éprouvent, ils pouffent des cris effroyables qui répandent l'effroi & la confternation parmi tous les Nègres enchaînés, & les obligent à faire de force (dans la crainte de fubir le même traitement) ce qu'ils refufoient avec autant de raifon que de force.

Lorsque, sur chacun de vos vaisseaux, vous retenez quatre ou cinq cents esclaves entassés, malades ou mourans, pensez-vous que tous vos forfaits soient oubliés en Guinée ?... N'y comptez pas; je le sais mieux que vous ; car j'y ai vécu long-tems.... Je ne crains pas de vous dire que la frayeur & des pressentimens douloureux s'emparent de toutes nos ames, à la seule approche d'un de vos vaisseaux.... Nous savons qu'en retour de quelques bagatelles d'Europe, vous portez tous les ans des fers & l'esclavage le plus rigoureux à cent mille de nos habitans.... Votre seule arrivée nous annonce que beaucoup de nos parens, de nos enfans & de nos amis, feront bientôt égorgés sur nos terres pour satisfaire à votre cupidité barbare, & que nous n'avons à espérer de vous que des tourmens, la misère & une mort prochaine.... Votre présence dans nos climats est un coup de poignard dans le cœur de toutes nos mères.

C'est de vous, Européens, que nos princes ont appris l'art de saccager leurs propres sujets, & de les enchaîner pour vous les vendre. Il n'est aucun Nègre d'Afrique qui ne tremble de tomber un jour dans vos fers, & d'être la triste victime du plus cruel esclavage qui ait jamais existé sur la terre. Examinons à présent comment vous nous traitez, lorsque nous sommes en pleine mer !

CHAPITRE VII.

*Traite du Vaiſſeau Amiral Oglès Squa-
dron, publiée par John Atkins.*

Le plus grand crime dont nous puiſſions
être coupables aux yeux de nos oppreſſeurs,
c'eſt lorſque nous cherchons, par le plus léger
artifice, à recouvrer une liberté à laquelle
nous n'avons jamais renoncé; lorſqu'on a pu
nous ſuppoſer ſeulement la plus légère idée
de vouloir échapper aux rigueurs de l'eſclavage, il n'eſt point de tourmens, de ſupplices
& de tortures cruelles qu'on ne mette en uſage
pour nous en punir.

Un ſimple ſoupçon a toujours ſuffi pour nous
condamner à la mort; il n'eſt jamais queſtion
de procédure ni d'inſtruction. Sans nous entendre, ſouvent même ſans nous dire un mot, un
ſignal du capitaine ou de ſon lieutenant a décidé notre ſupplice, & précipité dans les plus

horribles douleurs un nombre infini de victimes infortunées qui ont été martyrifées avec la dernière cruauté.

Lecteurs honnêtes & compatiffans, tout ce que j'ai à vous dire eft fi révoltant, que je fens bien que vous ne me croirez pas, fi je ne vous cite des perfonnages connus, & des faits pofitifs faciles à éclaircir. En voici deux ou trois que vous pourrez vérifier.

Le premier a été vu, écrit & publié par John Atkins, chirurgien à bord du vaiffeau amiral *Oglés Squadron*, chargé de Nègres de Guinée. John Harding qui le commandoit, à fon retour d'Afrique, s'apperçut que plufieurs efclaves fe parloient fouvent à l'oreille ; que plufieurs femmes avoient l'air d'être dans leurs fecrets ; il s'imagina enfin que quelques-uns de fes Noirs avoient deffein de recouvrer leur liberté. (Mais comment des gens enchaînés, qu'on furveille fans ceffe, peuvent - ils rompre leurs fers fans être apperçus ? Comment peuvent-ils vouloir s'emparer d'un vaiffeau dont ils ignorent abfolument les manœuvres & la conduite ? Quand même ils auroient eu leur liberté, qu'auroient-ils pu faire en pleine mer ?) Toutes ces considérations ne furent d'aucun poids ; le Capitaine Harding, de sa seule autorité privée, sans examen, sans autre jugement que sa volonté, en condamna sur le champ deux à la mort. Il commença l'exécution par en faire tuer un qu'il désigna de la main : il fut égorgé devant tous ses frères ; il lui fit ensuite arracher le cœur, le foie & les entrailles qui furent répandus par terre. On coupa son cœur & son foie encore palpitant, en trois cents morceaux, & il obligea, par les menaces les plus effroyables, chacun des autres esclaves de manger un morceau de ce cœur déchiré & ensanglanté de leur camarade, leur jurant, par les sermens les plus affreux, qu'il feroit subir le même supplice à tous ceux qui refuseroient d'en manger. Cette crainte les y obligea tous (*a*).

Harding ne fut pas satisfait de cette première

(*a*) Voyez les Voyages de Guinée & du Sénégal par le Capitaine John Harding en 1724.

expédition :

expédition : pour que fa vengeance fût plus écla-
tante, il défigna une femme dont il étoit mé-
content ; il la fit attacher avec des cordes par
les deux pouces, & fufpendre à un mât jufqu'à
ce que fes pieds euffent perdu terre. On lui
enleva quelques haillons qui la couvroient, &
on la fouetta d'abord jufqu'à ce que le fang
coulât de plufieurs côtés. Enfuite avec des couteaux très-tranchans, il lui fit découper la
peau, & enlever fur tout fon corps plus de
cent morceaux de chair devant tous les autres
efclaves, jufqu'à ce que fes os fuffent à décou-
vert, & qu'elle eût expiré dans les plus cruelles
douleurs.

O barbarie ! ô férocité humaines ! tout mon
fang fe glace d'horreur & d'effroi. Ce vaiffeau,
venu des Ifles Barbades, avoit fait fon charge-
ment de Nègres en Guinée, dans la rivière de
Gambia, en 1724 ; & ces actes de cruauté font
tellement connus des peuples mêmes de ma
patrie, qu'on me l'a racontée dans le pays,
avec tous les détails les plus circonftanciés.
Auffi les Nègres de Guinée, qui croient gé-

néralement que c'eft l'ufage ordinaire des vaiffeaux des Ifles Barbades, aiment mieux fe précipiter dans la mer que d'être embarqués pour
cette deftination.

Long-tems après cette exécution fanguinaire,
je rencontrai le Capitaine Harding ; il dînoit
paifiblement dans une habitation, & parloit fort
tranquillement de tous fes voyages. On lui demanda quel fuccès avoit eu fa traite de 1724 :
— Mauvaife année, répondit-il : j'ai perdu beaucoup d'efclaves dans la traverfée, parce que la
plus grande partie refufoient de manger à mon
bord. Ces méchantes créatures furent fi effrayées
du fupplice que j'avois fait fouffrir à un Nègre
& à une Négreffe, qu'ils préféroient de fe laiffer
mourir de faim & de foif, plutôt que d'aller
avec moi aux Ifles Barbades.

On lui demanda quel parti il avoit pris pour
les obliger à prendre des alimens. — Le moyen
le plus sûr & le plus facile (répondit-il) Tous
ceux qui refufoient encore de manger, je les
faifois monter fur le pont ; j'ordonnois à mes

valets d'en mettre un à mort, de le couper en cinquante morceaux; & je forçois à grands coups tous les entêtés à manger la chair sanglante & chaude de leur camarade, en leur jurant d'une manière à les persuader, que le premier qui le refuseroit seroit coupé tout vivant par lambeaux, & mangé par ses camarades. Le plus heureux succès me favorisa : tous mangèrent en rechignant leur ami avec les grimaces les plus plaisantes & les plus risibles ; & depuis ce moment, aucun n'a refusé des alimens que je faisois distribuer chaque jour.

O comble d'horreur & de férocité, m'écriois-je tout bas, & c'est un homme qui parle ainsi de ses semblables !... Européens honnêtes qui versez peut-être des larmes d'indignation & de sensibilité, c'est sur votre propre ouvrage que vous pleurez ; car vos loix de sang subsistent encore ; & peut-être dans cet instant elles s'exécutent avec la même rigueur. Voilà des faits positifs ; ils sont connus de tous vos traitans : s'ils osent le défavouer, ouvrez leurs journaux.... lisez les Voyages de John Atkins (*a*), & vous y verrez non-feulement les traits que je viens de vous annoncer, & mille autres faits d'une rigueur femblable, vous y trouverez auffi configné le trait de ce Capitaine Négrier qui, réveillé par les cris d'un jeune enfant qui fouffroit auprès de fa mère expirante, fe leva & battit la mère & l'enfant pour le faire taire. La pauvre femme fupplioit le Capitaine de lui pardonner; elle fe mit à fes genoux, baifa fes pieds, fondit en larmes pour l'appaifer, mais en vain.... Le barbare, défolé de ne pouvoir faire taire fon enfant, l'arracha des bras de fa mère, le prit par une jambe, le jetta tout vivant dans la mer, & puis alla fe coucher tranquillement, & dormit.

O nos amis d'Europe, tels font avec vérité les traitemens qu'on nous fait fouffrir & qu'on vous cache. Serez-vous toujours nos tyrans cruels, tandis que vous pouvez être nos protecteurs bienfaifans ? Nous fommes cependant

____

(*a*) Voyages de Guinée, par John Atkins.

conçus & nés comme vous dans le corps d'une femme ; elle nous a portés neuf mois dans son sein, nous a mis au jour avec les mêmes dangers & les mêmes douleurs que vos femmes d'Europe, nous a allaités de son lait, & élevés avec la même tendresse que vos mères; ne sommes-nous pas des hommes ainsi que vous?.... N'est-ce pas le même créateur qui nous a tous formés.... la même terre qui nous porte & qui nous nourrit.... le même soleil qui nous éclaire.... le même père de l'univers que nous adorons tous? N'avons-nous pas comme vous, un cœur, une âme, les mêmes sentimens d'affection, de tendresse & d'humanité? Si vous osez en douter, rappellez-vous l'accueil fraternel que vous avez reçu parmi nous, lorsque vous parûtes dans nos contrées le siècle dernier, & que nous ignorions encore le sort & l'affreuse destination à laquelle vous nous réserviez!... Parce que la couleur de notre peau n'est pas semblable à la vôtre, est-ce un titre légitime pour nous faire massacrer, pour enlever nos femmes, voler nos enfans, enchaîner nos pères, & nous faire fouffrir fur terre & fur mer les cruautés les plus odieufes ? Vos chiens & vos animaux domeftiques font beaucoup mieux traités que nous; combien de fois n'avons-nous pas envié leur fort !

Lifez l'hiftoire de tous les peuples & de toutes les nations de la terre ! Dans aucun empire ni dans aucun fiècle, même des plus barbares, vous n'y trouverez point d'exemples d'une férocité auffi réfléchie & auffi conftante. Dans un tems où la faine philofophie, & les connoiffances les plus étendues, viennent éclairer l'Europe par les découvertes les plus fublimes ;... pourquoi faut-il que vous foyez encore l'effroi des Africains, l'horreur de vos femblables & les plus cruels perfécuteurs du genre humain? Oui, croyez-en l'intrépide More - Lack ; je ne.fuis pas le feul Nègre doué d'une ame fenfible & courageufe : faites oublier tant de cruautés, en donnant à toute la terre l'exemple de l'humanité & de la bienfaifance ! rendez-nous libres ! brifez nos fers !... Rendez notre condition fupportable, & foyez fûrs que vous ferez mieux fervis par des affranchis qui vous chériront comme leurs pères, que par des efclaves qui vous déteftent comme leurs bourreaux !

Et toi, Peuple Anglois, qui te félicites tant d'être généreux & libre, de quel œil pourras-tu envifager la mort violente & prématurée de plus de dix millions de Nègres que tu as enlevés à l'Afrique depuis près de deux cents ans ? Si tu ne peux tout-à-coup abolir des cruautés auffi révoltantes, pourquoi donnes-tu le commandement des vaiffeaux négriers à des monftres impitoyables qui nous entaffent les uns fur les autres, fe plaifent à déchirer nos corps à coups de couteau, & fur un fimple foupçon, fans preuves, nous condamnent aux fupplices les plus cruels !...

Pourquoi les établis-tu les fouverains arbitres de notre vie & de notre mort, & ne punis-tu pas des bourreaux mercenaires dont les forfaits multipliés ne peuvent être rapportés fans honte & fans horreur ? Songe que tu as tout facrifié pour conferver cette liberté fi chère à tous les cœurs ! Par quel injufte contrafte prétends-tu nous ravir la nôtre, & impofer des chaînes & des fupplices affreux à une fi grande portion des habitans de la terre? Quel compte rendras-tu au fouverain Juge de l'univers d'une conduite auffi criminelle?.... Oui, n'en doutez pas, Européens, ce glaive de la juftice ne vous a été confié que pour punir les crimes & récompenfer la vertu; au lieu de l'employer à un fi noble ufage, vous autorifez les meurtres, les brigandages & les affaffinats par des loix de carnage & de fang; vous n'ignorez cependant pas que celui qui protège l'homicide eft auffi coupable que celui qui l'exécute, puifque, fans les ordres d'un peuple fouverain & l'autorité de fes arrêts, jamais des faéteurs n'auroient ofé pouffer fi loin leurs cruautés contre l'efpèce humaine.

Princes, Magiftrats & Citoyens de tous les Empires, nous implorons votre clémence & vos bienfaits; & c'eft au jugement de toutes les ames fenfibles & vertueufes qui n'ont pas encore été endurcies par ce commerce infâme, que nous confions notre caufe.

CHAPITRE VIII.

Calcul des Nègres enlevés à l'Afrique.

POUR apprécier fainement leur conduite, voyons l'hiftoire de vos Navigateurs, & examinons les journaux même des Amirautés & des vaiffeaux négriers, pour calculer exactement le nombre des victimes que vous enlevez tous les ans fur les feules terres d'Afrique.

Le meilleur ouvrage que nous ayons à ce fujet, c'eft le Journal de la ville de Liverpool ; (*the Liverpool memorandum Book*). C'eft de tous les ports d'Angleterre celui qui fait le plus grand commerce d'efclaves. Parmi beaucoup de faits importans au trafic de ce port, on y trouve une lifte très-exacte de tous les vaiffeaux employés à la traite des Nègres , & le nombre précis des efclaves qui ont été embarqués tous les ans fur chaque vaiffeau.

D'après ce Journal, qui fe trouve conftaté &

confirmé par les regiſtres même de l'Amirauté, il réſulte de tous ces actes que, dans la ſeule année 1753, le nombre des eſclaves importés en Amérique par les vaiſſeaux du port de Liverpool, eſt allé au-delà de trente mille Noirs; &, ſuivant l'état des vaiſſeaux employés à la traite par la compagnie d'Afrique de Londres & de Briſtol, ſuivant les livres de leur Amirauté, on voit encore que les ſeuls vaiſſeaux Anglois achètent & emmènent eſclaves plus de cent mille Nègres tous les ans.

Ce calcul pour l'Angleterre ſeule n'eſt pas exagéré; tous les actes, journaux de voyages & documens publics l'ont approuvé dans pluſieurs circonſtances, comme le plus juſte & le plus avéré. Il vient d'être encore récemment confirmé par Anderſon, dans ſon Hiſtoire ſur le Trafic des Nègres, imprimée en 1764, où il dit (page 68 de l'Appendix) : » L'Angleterre » entretient la culture de ſes colonies, en lui » envoyant tous les ans au-delà de cent mille » Nègres enlevés ſur les côtes d'Afrique. «

Or, depuis plus de deux cents ans que ce

commerce dure dans ce royaume, voilà plus de vingt millions de miférables efclaves qui ont été facrifiés à votre cupidité. Ajoutez à ce calcul toutes les traites qui fe font faites par les autres puiffances d'Europe, pour la culture de l'Amérique & de l'Afie, & vous concevrez alors que la totalité des meurtres qui fe commettent tous les ans dans les quatre parties du monde, fur les feuls Africains, eft innombrable par fes excès.

CHAPITRE IX.

Traitement des esclaves malades sur mer.

LORSQUE les vaisseaux d'Europe font entiérement chargés d'esclaves, ils partent pour les colonies, & font plus ou moins de tems dans leur traverfée.

Les Nègres entaffés pêle-mêle, expofés à mille corruptions au fond d'un navire infecté, éprouvent prefque tous une fièvre peftilentielle appellée le *feafoning*, dont les fymptômes aggravés par le défefpoir qui ronge nos ames & les traitemens durs dont on nous accable, prennent bientôt des caractères violens & mortels.

C'eft-là que tant de malheureufes victimes facrifiées à l'ambition d'un feul homme,... fouffrant des douleurs aigües & privées de fecours fuffifans, foupirent après la mort. Les Chirurgiens qui ne voient autour d'eux que des agonifans , ne favent auquel entendre ; ils craignent eux-mémes de refpirer un air peftilentiel : ils n'y reftent que quelques inftans , & nous pref-crivent au hazard des médicamens qui , tou-jours mal indiqués & mal adminiftrés , nous font plus de mal que de bien. C'eft dans le fond de ces cavernes homicides, que cinq ou fix cents miférables fe voient mutuellement fouffrir & mourir à chaque inftant du jour , fans confola-tions, fans fecours & fans efpoir de revoir ja-mais ni leurs parens , ni leur patrie.

A grands coups de fouet , on nous force d'avaler des remèdes mal compofés qui aug-mentent nos douleurs cruelles, & nous font bientôt périr. C'eft enfin dans ces fépulcres de corruptions infectes, que toutes les horreurs des convulfions , de la putréfaction , du défefpoir & des misères les plus douloureufes de la fin de l'homme , femblent fe reunir pour offrir aux ames fenfibles le fpectacle le plus révoltant des fouffrances humaines ; non , l'Enfer n'eft pas plus affreux,

CHAPITRE X.

Mortalité des esclaves sur mer.

D'APRÈS les Journaux de voyage des navires Européens destinés à la traite des Nègres, on voit qu'il meurt tous les ans dans la traversée au moins la cinquième partie des esclaves sur les vaisseaux les plus favorisés, & que ceux qui ont été les plus maltraités ont souvent perdu le tiers de leurs Noirs durant leur voyage. Il n'est point de facteur sincère qui puisse dire que ce calcul soit exagéré. En prenant le terme moyen entre ces deux pertes, c'est donc le quart des esclaves qui meurent en mer avant d'arriver à leur destination.

Sur cent mille Nègres que l'Angleterre seule exporte d'Afrique tous les ans, en voilà donc vingt & cinq mille par an qui, avant d'avoir vu l'Amérique, sont aussi visiblement égorgés que si on les avoit étouffés tout-vivans au fond de la mer.

Arrivé dans vos Ifles Américaines, il meurt encore un quart des efclaves, du fcorbut, de l'éthifie, de fièvres putrides, ou d'une efpèce de fièvre aigüe qui attaque indiftinctement tous les étrangers. C'eft un tribut que le climat impofe à tous ceux qui paffent aux Indes Occidentales ; fur foixante & quinze mille Noirs qui vous reftent, vous en perdez au moins quinze mille (*a*) : c'eft donc environ quarante mille Noirs que l'Angleterre fait périr tous les ans, pour en donner foixante mille aux Colonies.

Depuis deux cents ans que dure ce commerce homicide, calculez quel nombre immenfe de victimes les Anglois ont fait périr fans en retirer aucun bénéfice. Ajoutons à ce douloureux calcul, tous les efclaves que les autres royaumes d'Europe ont également perdus fur terre & fur mer, & concevez, s'il eft poffible, combien de torrens de fang innocent vous avez fait ruiffeler fur toute la terre.

(*a*) Les Relations diverfes de la perte des Negres en débarquant aux Ifles de l'Amérique porte le nombre des Efclaves morts du *Seafoning* au-delà du quart.

La jufte horreur que vos faĉteurs infpirent aux êtres fenfibles, ne peut être portée à fa légitime valeur, qu'en obfervant que chacun de vos vaiffeaux chargés de quatre ou cinq cents Nègres, a coûté la vie à trois ou quatre mille Noirs tués en Guinée ou au Sénégal dans les guerres inteftines que vous excitez dans notre patrie, pour acheter tous nos prifonniers. Ajoutez à ce tableau de mort, tous ceux qui en ont été les viĉtimes, depuis que la traite fubfifte, & vous aurez affez de cadavres à entaffer pour furpaffer peut-être la plus haute montagne de l'Amérique, & former un fleuve de fang qui couleroit long-tems fur la terre.

Princes Européens, Magiftrats & Gouverneurs de la terre, laiffez vos cœurs s'attendrir fur nos peines; fongez qu'il exifte au-deffus de vous un Être fuprême qui vous voit, vous entend, & juge vos ordres & vos aĉtions; que le plus bel attribut du pouvoir qu'il vous a confié, eft de protéger les malheureux, & favorifer le bonheur des peuples, & non de les faire égorger au gré de votre ambition criminelle.

Si

Si vous pouviez voir d'un coup-d'œil les millions de créatures humaines que vos ordres ont précipitées au tombeau, vous gémiriez cent fois par jour d'y avoir pu contribuer. S'il eſt vrai que vous ſoyez jaloux de votre gloire & de la félicité des mortels, abrogez les loix de ſang & de carnage qui font la honte de ces deux ſiècles : rendez-nous au bonheur dont nous jouiſſions avant de vous avoir connus ; donnez un bel exemple à l'humanité ſouffrante ; rendez la paix aux Nègres de l'Afrique.... la liberté aux eſclaves de l'Aſie & de l'Amérique : & tous les peuples de la terre béniront alors les Princes & les Magiſtrats bienfaiſans qui auront mis fin à nos tourmens, & fait la félicité de tant de martyrs innocens.

CHAPITRE XI.

Comment les esclaves font traités aux Isles.

Il est juste que tous les habitans du monde connoiffent les traitemens que vous nous impofez, lorfque nous fommes arrivés dans vos cruelles habitations.

Ceux d'entre nous qui ont la trifte confolation de furvivre à la traverfée & à la fièvre Américaine qui nous attaque en arrivant, font traités avec la plus dure févérité pour les fautes les plus légères : & comme les colons n'achètent un efclave qu'afin d'en retirer le plus grand travail poffible, la plus petite négligence eft punie avec la dernière rigueur ; fi l'on s'arrête un inftant durant les travaux ; fi l'on parle à fon voifin ; qu'on n'avance pas l'ouvrage affez promptement au gré des defirs ou du caprice de nos conducteurs.... quelquefois même fans favoir pourquoi, nos corps font meurtris, & nos chairs déchirées par lambeaux à grands coups de fouet.

Pour rendre enfin nos douleurs plus aigües, on verfe alors dans nos plaies du fel & du poivre pilé qui nous font fouffrir le martyre.

Oui, Chrétiens, voilà notre fort ; & dans vos Ifles, il n'eft pas une ame fenfible qui daigne répandre la moindre confolation fur nos peines : nos ames, libres commè les vôtres, adorent le même Dieu que vous. Il nous ordonne de vous fervir comme nos amis, de vous chérir comme nos frères ; & nous lui obéiffons avec joie, parce que nous fentons que c'eft cette loi d'amour & de fraternité qui fait l'union & le bonheur des hommes.

Mais comme nous regrettons toujours notre liberté, & qu'il n'eft pas un feul de nous qui, dans la vérité de fon cœur, ne fe croye le droit de recouvrer fans ceffe l'ufurpation qu'on lui en a faite, il arrive fouvent que les uns s'enfuient dans les montagnes, &, devenus Nègres *Marons*, y font réduits pour vivre à voler les habitations voifines ; d'autres, perdus au fond

des forêts, s'y nourriffent d'herbes fauvages,
de feuilles d'arbres ou de racines inconnues, &
meurent enfin de misère, de douleur & de faim;
quelques-uns arrivés aux bords de la mer, en
voyant l'immenfité des eaux qui les féparent
de leur patrie, s'y noyent de défefpoir :
beaucoup enfin, que la férocité de vos traitemens décident à fe précipiter du haut des toîts
de vos habitations, ou dans des étangs, pour
terminer leur douloureufe exiftence, vont chercher dans les flots une tranquillité qu'ils n'efpéroient plus fur la terre.

Quelques-uns, il eft vrai, fe font par fois
réunis pour délibérer enfemble fur les moyens
d'avoir leur liberté; mais au premier indice d'un
deffein trop légitime, vous les avez fait enchaîner, vous leur avez fait brifer les os des jambes
avec des barres de fer; & tandis qu'ils étoient
vivans, vous les avez expofés fur la roue,
comme s'ils étoient des brigands ou des affaffins
publics. Colons barbares, qui mutilez tranquillement vos femblables; c'eft vous feuls qui
méritiez un pareil fupplice, puifque ç'eft

vous qu’une infâme cupidité rend nos affaffins. Vos crimes font accumulés fur vos têtes, & le calcul de ceux que vous avez fait périr dans ces tourmens horribles eft innombrable. Vous avez épuifé fur nous vos fupplices les plus cruels, pour des forfaits imaginaires dont feuls vous êtes les vrais coupables, & vous voulez encore que nous vous fervions avec affection, zèle & fidélité ; cela fe peut-il, & le méritez-vous ?

L’Hiftoire géographique de la Jamaïque (a) rapporte que les propriétaires des habitations donnent à chacun de leurs efclaves un petit coin de terre à cultiver, en leur permettant d’y travailler à leur profit le premier jour de la femaine, & que ce qu’ils en recueillent, avec un peu de poiffon falé qu’on leur donne, compofent toute leur nourriture.

Ce qu’on nous accorde pour notre habillement, va rarement au-delà de quatre ou cinq aunes de toile groffière tous les ans, de forte que dans les Colonies de l’Amérique feptentrio-

____

(a) *Hiftory of Jamaïca.*

nale, où les vents font froids, longs & cuifans ; nous, pauvres & miférables Africains, fouffrons cruellement faute d'avoir de quoi nous couvrir le corps durant les nuits glacées. Il exifte même beaucoup d'habitans qui renchériffent fur cette dureté, en ne nous donnant aucune efpèce de couverture, jufqu'à ce que nous en ayons gagné la valeur par nos propres travaux ; nous avons beau fouffrir, prier, implorer leur miféricorde, nous n'obtenons rien.

Le travail exceffif des terres eft une des principales caufes qui épuife nos forces, abrège nos jours, & accélère notre deftruction. Dès la pointe du jour, nous fommes appellés aux travaux ; & fans interruption, il faut les continuer jufqu'à midi, qu'il nous eft permis d'aller manger: à deux heures, nous y revenons, & nous les pourfuivons jufqu'à la fin du jour. Durant tout ce tems, nous fommes fuivis, furveillés par nos conducteurs, qui, à grands coups de fouet, puniffent tous ceux qui travaillent avec quelque non-chalance.

Enfin, avant que la nuit foit obfcure, &

qu'on nous permette de retourner dans nos triftes cabanes, on nous oblige encore à faire l'ouvrage de l'habitation ; c'eft-à-dire de ramaffer du fourage pour les troupeaux, de charroyer du bois pour les maîtres, du charbon pour les cuifines, du foin pour les chevaux ; de forte qu'il arrive fouvent qu'il eft minuit & demi avant que nous retournions dans nos cafes. Alors il nous refte à peine le tems de piler & faire bouillir un peu de bled d'Inde pour notre nourriture : nous nous couchons un inftant fur la natte durant qu'il fe cuit ; & il nous eft arrivé fouvent d'avoir été rappellés au travail du matin, avant que nous ayons eu fini de manger, n'ayant pu fatisfaire encore ni à la faim qui nous dévore, ni au fommeil qui nous pourfuit. Il n'eft alors aucun motif ni aucune excufe qui puiffe nous difpenfer d'y arriver promptement ; fi nous n'y fommes pas rendus auffi-tôt, nous fommes affurés en arrivant d'y recevoir trente coups de fouet.

Faute d'une nourriture fuffifante après avoir veillé la nuit, on fent que nous manquons du courage néceffaire au travail, & que fouvent nos forces affoiblies fe refufent à nos defirs; n'importe, il faut forcer la nature, & travailler comme à l'ordinaire : il n'eft point de raifons qui puiffent appaifer nos durs conducteurs, & le fouet eft ordinairement leur réponfe (*a*).

Dans le tems des moiffons qui durent ordinairement plufieurs mois, nous fommes obligés de travailler la plus grande partie de la nuit dans le *boïling houfe*, granges deftinées à préparer les bleds. Alors le maître de l'habitation, dans l'efpoir de recueillir le plus grand gain poffible de nos peines, aggrave fur nous les plus pefans fardeaux, quoiqu'on nous épargne toujours avec une fordide avarice & notre nourriture & notre vêtement. Quelques-uns même d'entre nous, épuifés par un travail forcé, mangeant dans trois ou quatre jours ce qu'on leur a donné pour toute la femaine, font fou-

____

(*a*) Voyez l'Effai fur le Traitement des Efclaves Africains, par James Ramfay, qui fe vend chez J. Philipps, George Yard Lombard ftreet London. On trouve chez lui beaucoup d'ouvrages très-intéreffans fur cette matiere.

vent plufieurs jours entiers fans aucune efpèce de nourriture ni de vêtement ; de forte que ces pauvres créatures font obligées de pourvoir à leur fubfiftance comme elles peuvent, ou de manger des herbes fauvages comme des animaux; c'eft ce que j'ai fait moi-même, le voyant faire à d'autres.

Il en eft fouvent réfulté que plufieurs preffés de la faim qui ne connoît pas de loi, ont été arrêtés & tués dans les habitations voifines, parce qu'ils avoient été la nuit y voler quelques patates ou d'autres racines pour manger.

Si, par malheur, on prend la plus petite chofe dans l'habitation du maître, quoique preffés par la faim la plus dévorante, nous fommes punis avec la dernière rigueur , & nos conducteurs nous traitent cruellement, lorfque nous ofons toucher à la moindre portion des denrées que nous avons cultivées avec tant de fatigues ; tandis que nos maîtres les confument dans l'abondance, & les prodiguent avec excès.

Ce qu'il y a de plus étonnant encore , c'eft de voir ces hommes durs & méchans calculer de

fang-froid le gain qu'ils peuvent faire en facri-
fiant la fanté, les forces & la moitié de la vie
de leurs efclaves, pour en recueillir plus promptement le double de travail & de profit.

Les habitans de la Jamaïque ont paifiblement
fupputé que pourvu que fur cent Nègres qui
arrivent dans la colonie, il en réchappe feulement foixante propres au travail, ils font confidérés comme payant le prix d'acquifition des
quarante qui font morts fur mer ou des maladies
fiévreufes. Il leur fuffit enfin que ces foixante
Noirs exiftent encore fept à huit ans, pour que
leur travail paye tout ce qu'ils ont coûté, &
donne à leur maître un bénéfice fuffifant.

On feroit moins furpris peut-être, fi de pareils calculs étoient faits fur les travaux des
animaux ou des bêtes de charge ; mais on ne
peut voir fans la plus vive douleur, que nous
miférables humains foyons plus accablés de fatigues & de mauvais traitemens que les brutes,
& que les Colons aient plus de foins & de compaffion pour leurs bêtes qu'ils n'en ont pour
leurs Nègres.

CHAPITRE XII.

Calcul homicide d'un Colon Américain qui vit encore.

IL en coûte à mon cœur de rapporter ici un trait de férocité d'un des principaux habitans de l'Amérique. S'il n'étoit qu'un fait isolé , je le tairois peut-être ; mais il est devenu crime général, & ma plume sincère doit produire au grand jour les reflets de lumière qui peuvent éclairer l'administration de nos maîtres , & la mort lente à laquelle ils nous ont condamnés.

Lorsque je vins en Angleterre, je débarquai à Southampton : je vins à Londres, & je trouvai dans vos rues beaucoup de Noirs qui traînoient dans vos climats les restes épuisés d'une existence mourante. La plupart, réduits à demander l'aumône, n'étoient déja plus que des squelettes livides & ambulans. En les voyant, je

crus appercevoir la mort folliciter un dernier
fecours. Chaque fois que j'en rencontrois un
dans la ville, mon cœur palpitant me difoit:
More-Lack, voilà ton femblable qui fouffre;
voilà la récompenfe de fes fatigues & de fes
tourmens dans les colonies ; le fucre & le café
qui font les plaifirs de l'Europe, ont coûté le
bonheur & la vie à ce malheureux Africain, & à
dix millions de mes femblables ; & ceux même
qui, en prenant leur café, fucent fes fueurs &
fon fang, lui refufent un morceau de pain !

Infenfible Européen, regarde ce miférable
que les facteurs ont arraché avec violence du
fein de l'Afrique qui l'a vu naître : tu l'as traîné
en Amérique pour y fouffrir mille douleurs, &
y épuifer toutes fes forces.... le voici expirant de faim & de mifère en Europe; il ne lui
manque plus que d'aller mourir en Afie, pour
que les quatre parties de la terre aient été témoins du comble des infortunes humaines & de
la cruauté des Européens.

Un Auteur diftingué par un grand nombre
d'ouvrages qui annoncent la vafte étendue de

ſes connoiſſances & de ſon eſprit, a prétendu prouver que la ſervitude de la glèbe & l'eſclavage des Nègres offroit une exiſtence bien plus heureuſe que le ſort dont jouiſſent la plupart de vos payſans ou journaliers d'Europe. Son ſyſtême parut ſéduiſant ; le voici : ›› Un ouvrier ›› en France gagne ordinairement vingt-cinq ›› ſols par jour ; comment peut-il, avec ce mo- ›› dique ſalaire, ſe nourrir & entretenir lui, ſa ›› femme & quatre ou cinq enfans , payer un ›› loyer, acheter du bois & fournir à tous les ›› frais d'une famille entière ? Ils vivent dans ›› l'indigence , & quelquefois manquent du né- ›› ceſſaire :... un ſerf au contraire, ou un eſ- ›› clave, eſt comme le cheval de ſon maître ; il ›› eſt intéreſſé à le bien nourrir & à le bien en- ›› tretenir, pour le conſerver en ſanté , & en re- ›› tirer un ſervice utile & permanent. Ayant ›› donc tout ce qui lui eſt vraiment néceſſaire, ›› il eſt plus heureux que les journaliers libres ›› qui quelquefois n'ont pas de pain. ‹‹

Cette comparaiſon n'eſt pas juſte, au moins quant aux eſclaves de l'Amérique. Si ſon auteur eût vu lui-même l'adminiftration intérieure des habitations des îles, il eût été bien convaincu que les chevaux de nos maîtres y font mieux foignés que leurs efclaves, & que l'intérêt du colon propriétaire n'eft pas du tout de nous bien nourrir pour nous conferver long-tems en fanté; mais au contraire de nous fupprimer un tiers des alimens néceffaires à la vie humaine, & d'exiger de nous le plus de travail poffible, afin de regagner fur cette économie alimentaire & ce furplus de travail, de quoi racheter un efclave jeune & vigoureux, aux dépens de la vie d'un Nègre exténué de faim & d'épuifement. Ce qu'il y a de plus affreux dans cette politique, c'eft qu'elle eft connue & adoptée dans prefque toutes les habitations.

J'entrai un jour dans un café public à Londres, où fe raffembloient beaucoup d'Américains; les uns lifoient les papiers publics, d'autres parloient, d'autres écoutoient : le hafard, ou plutôt la curiofité, me fit affeoir à côté d'un habitant des Colonies qui parloit de la traite des Nègres & de l'exploitation de fes terres en

Amérique. Voici mot à mot le calcul que je lui entendis faire. . . . . » Mes Nègres (difoit il)
» me reviennent l'un dans l'autre à quarante
» guinées : chacun d'eux me rapporte environ
» fept guinées de bénéfice (a) en les nourriffant
» comme il faut; mais en leur retranchant fur
» leur nourriture la valeur feulement de deux
» pennins par jour, cette économie fur chaque
» Nègre me donne trois livres fterling de pro-
» fit ; c'eft-à-dire trois cents livres fterling (b)
» fur mes trois cents Nègres, en fus des fept
» livres fterling qu'ils me donnent : par ce
» moyen, je retrouve au moins dix guinées de
» bénéfice fur chacun de mes efclaves par an ;
» ce qui porte le revenu net de mon habita-
» tion à trois mille livres fterling (c).

» Il eft vrai qu'en fuivant le plan de cette

(a) Voyez les informations Parlementaires de 1774.
Long , dans fon Hiftoire de la Jamaïque , porte leur produit au-delà de douze guinées.

(b) Ce qui fait vingt-un mille fix cents livres de
France.

(c) Soixante & douze mille livres de rente.

» administration économique, mes Nègres ne
» vivent tout au plus que huit ou neuf ans ;
» mais les profits du maître en sont bien plus
» considérables, puisqu'après quatre ans de ser-
» vice, chaque Noir m'a gagné les quarante
» guinées qu'il me coûte ; & quand il ne vivroit
» encore que quatre ou cinq ans de plus, tout
» ce qu'il me gagne alors est en pur bénéfice.
» L'esclave meurt ; mais que m'importe ? avec
» le seul profit que j'ai fait sur sa nourriture
» pendant sept ou huit ans, j'ai de quoi ra-
» cheter un autre Nègre jeune, robuste, au lieu
» d'un être épuisé qui n'est plus bon à rien ;
» & sur trois cents esclaves, cette économie
» est immense. « Quelles sont les ames dures ou
sans pitié qui seroient insensibles à cette affreuse
destination ?

On m'objectera sans doute que dans les plus
riches habitations, les Nègres sont traités de
même, & qu'on n'a jamais eu le droit d'exiger
qu'un maître nourrît mieux ses esclaves, &
leur fît faire moins de travail ; qu'on ne sauroit
concevoir pourquoi notre nourriture est généralement

ralement si mauvaise & si modique, même chez les colons les plus opulens, &c. &c. &c. La raison en est facile à sentir.

Les tons de faste & de prodigalité qu'affectent nos maîtres, leurs dépenses excessives, leur jeu immodéré, les mettent toujours dans l'impuissance (malgré de gros revenus) de donner le nécessaire à leurs esclaves. Brillans & généreux aux yeux des étrangers, l'avarice la plus sordide fait souffrir chez eux tous ceux qui les servent ; riches en apparence, mais pauvres en réalité, ils ne refusent rien à leurs propres besoins ni à leur intempérance ; & cette profusion sans bornes, leur ôte les moyens de fournir à leurs esclaves une nourriture suffisante & saine, & des vétemens chauds dans les tems & les sites qui les requièrent ; leurs prodigalités sont quelquefois si fortes, qu'ils sont forcés, faute de payement, à contracter des dettes, & pour les acquitter, il ne leur reste d'autre espoir que d'écraser leurs esclaves par un travail plus forcé & par une diminution sur leur nourriture. Nos maîtres ressemblent précisément à ces jeunes propriétaires dissipateurs des pro-

I. Partie.   F

duits d'un riche héritage , qui , pour fournir à
tous leurs plaifirs , laiffent tomber leurs fermes
en ruines , languir leurs beftiaux, & fouffrir
tous ceux qui les environnent. Nos ames, vivement indignées , ne peuvent fe perfuader que
nos cruelles afflictions ne foient pas tôt ou tard
vengées , & que le Dieu bienfaifant de tout l'u-
nivers ne puniffe pas un jour nos tyrans.

CHAPITRE XIII.

La chasse aux Marons.

JE l'ai dit, & je le répète; les traitemens que nous éprouvons, & le sentiment continuel de notre douloureuse existence, nous jette souvent dans le désespoir, au point que plusieurs de nous se pendent eux-mêmes, que d'autres se jettent dans des puits, & que d'autres s'embarquent au hasard sur la mer qui bientôt les engloutit, &c. &c. &c. &c. Les moins désespérés s'enfuient dans les bois, où ils sont souvent poursuivis par des détachemens militaires, &c. &c. &c.

Croiroit-on que, parmi nos maîtres Européens, il se trouve des hommes faits, & des jeunes gens assez dénaturés pour se réunir avec une meute de gros chiens, pour se faire un jeu & un amusement de courir après nous dans les bois, de nous chasser comme des bêtes fauves, de nous tuer à coups de fusil, de nous couper la tête,

F ij

de la placer au bout d'une pique, & de la porter en triomphe par toute la Ville ?

Cela arrive très-fouvent à l'Ifle de France & dans plufieurs Ifles de l'Amérique ; il eft rare qu'une femaine entière fe paffe, fans qu'on voie quelque crâne de Nègre ainfi expofé. Ces jeunes gens plaifantent beaucoup en parlant de leur chaffe aux Nègres; comme s'il y avoit du mérite ou du plaifir à tuer, à coups de fufil, des hommes nuds fans armes & mourant de faim. Cette chaffe, dans les Colonies, s'appelle en riant *la chaffe aux Marons*. O mœurs cruelles, vous prouvez à tous les êtres fenfibles que l'efclavage abrutit encore plus le maître que les efclaves.

Les détachemens militaires font plus humains; ils ne tirent fur ces malheureux que lorfqu'ils refufent de fe rendre. Lorfqu'ils font arrêtés vivans, ils font fouettés jufqu'au fang, & on leur coupe une oreille pour la première fois; à la feconde défertion, ils font fouettés plus vigoureufement encore jufqu'au déchirement des chairs, & on leur brife un jarret avec une barre de fer : s'ils y reviennent, ils font pendus fans autre procédure que l'ordre de leur maître, & ils vont avec joie au fupplice, tant ils font per- fuadés que la mort eft préférable aux tourmens qu'ils ont à fouffrir !

Européens ! voilà des faits pofitifs & bien avérés ; ils font généralement connus : mais, prenez-y garde, vos actions fanguinaires, loin de vous faire obéir, ne font propres qu'à vous faire abhorrer ; fi vous ne craignez plus les mépris ni la haine des hommes, redoutez au moins ce Dieu de paix & de miféricorde qui vous ordonna d'aimer vos ennemis, & de faire du bien à tous les êtres de la nature.

CHAPITRE XIV.

Combien l'esclavage est contraire à la Religion Chrétienne & au bonheur humain.

Toutes les personnes sincères & désinté-
ressées qui ont voyagé dans vos habitations
Américaines, n'ont pu s'empêcher de gémir de
notre destinée, & de témoigner leur compassion
sur nos peines : la plupart en ont publié leur
sentiment par écrit, comme une matière impor-
tante qui méritoit la plus sérieuse considération
de la part de tous les hommes qui ont quelque
influence dans le gouvernement public, ou l'administration des colonies.

On peut dire avec juste raison, que ce trafic
est odieux dans son principe, injuste dans ses
moyens, & abominable dans ses effets ; qu'il
réunit tous les excès d'un despotisme sans aucun frein & d'une cruauté sans bornes ; qu'il

eſt dèſtructeur du genre humain ; qu'il corrompt tous les ſentimens vertueux de la nature & de la ſociété, & que plus l'homme s'y livre, plus il devient féroce. Qu'un commerce auſſi crimi- nel excite l'homme à commettre mille forfaits par le ſeul amour de l'argent, détruit tous les liens de l'affection humaine, fait naître l'égoïſme, dédaigner les nœuds de l'hymen, plonge la jeuneſſe dans la débauche, le déſordre, la prodi- galité & toutes les diſſolutiohs morales, anéan- tit enfin dans l'ame le ſentiment & l'amour du créateur, l'obéiſſance aux ſouverains & la véné- ration pour les loix, excite dans les colons des craintes légitimes & perpétuelles en nourriſſant le danger multiplié des révoltes parmi les Nègres. En un mot, ce trafic tel qu'il exiſte aujourd'hui, éteint toutes les vertus & ouvre la porte à tous les crimes.

Malheureuſement la vérité de ces obſervations frappera les êtres ſenſibles qui n'y ont aucun intérêt dominant, mais non pas ces propriétaires avides qui ne reſpirent que pour l'or.

Et vous, colons hypocrites qui faites profeſſion

F iv

de fuivre la fublime morale d'un Être pur &
divin qui vous annonça lui-même fes loix heureufes, & vous ordonna *d'aimer vos ennemis &
de faire du bien à ceux qui vous ont fait du
mal*. (Matt. 5.) Voyez comment vous fuivez fa
doctrine; vous faites précifément le contraire:
car vous faites égorger ceux qui ne vous ont
fait aucun mal. Ce beau titre du vrai Chrétien, vous l'avez ufurpé pour faire haïr vos
actions, & manifefter vos menfonges.

Nous qui fommes la plupart privés de ce
célefte avantage, qui fommes fans ceffe appellés
des brutes fauvages & des animaux Africains,
nous fervons avec foumiffion jour & nuit ceux
qui nous perfécutent; nous épuifons nos forces,
notre fang, nos fueurs pour l'accroiffement de leur
fortune rapide; tandis que vous, qui vous dites
Chrétiens , vous mutilez nos corps & faites
périr plufieurs millions de créatures humaines
par tous les fléaux réunis de la mifère la plus
conftante, des travaux les plus douloureux, &
de la faim la plus dévorante ; fouffrez que je
vous le demande. Quels font les véritables

Chrétiens fur la terre, ou ceux qui exécutent la loi du Sauveur du monde fans la connoître, ou ceux qui la connoiffent & ne la pratiquent pas?... Vous prétendez en avoir les titres ; mais vous ne les méritez pas , puifque vous foulez aux pieds les principes d'une révélation divine , pour vous livrer à vos fureurs & à votre cupidité. Vous êtes bien plutôt ces Juifs, & ces perfécuteurs idolâtres qui ont martyrifé les premiers Chrétiens & crucifié le Chrift lui-même , puifque vous ne ceffez de faire ufage de tous les moyens fanguinaires qui vous ont rendus plus féroces que les tigres & les lions d'Afrique.

CHAPITRE XV.

Suite, & témoignage des Écrivains célèbres sur l'esclavage.

LA juste horreur que vous inspirez à tous les cœurs honnêtes, a engagé un grand nombre de Philosophes & de Magistrats Européens à blâmer publiquement tant de cruautés révoltantes.

L'illustre & vertueux Montesquieu, dans son *Esprit des Loix*, *page 348*, a dit : ›› Rien ›› n'assimile plus l'homme à la bête, que d'être ›› enchaîné parmi des êtres libres, & d'y vivre ›› lui-même esclave ; un tel peuple devient l'en- ›› nemi naturel de ses persécuteurs : plus il de- ›› vient nombreux, plus il est dangereux. ‹‹

Le même Auteur fait à ce sujet une réflexion bien judicieuse, en disant : ›› Il faut, pour agir ›› de la sorte envers eux, supposer nécessaire- ›› ment que les Nègres ne sont pas des hommes, ›› ou faire imaginer que nous ne sommes pas des ›› Chrétiens. ‹‹

Dans l'Hiſtoire des Établiſſemens des Européens en Amérique (*voyez l'édition de 1557*),
l'Auteur a conſigné les paroles ſuivantes :

» Les Nègres de vos Colonies y ſouffrent
» l'eſclavage le plus complet ; il eſt accom-
» pagné de traitemens ſi douloureux & ſi
» cruels, qu'il n'exiſte point de peuples dans
» aucune autre partie du monde dont la condi-
» tion ſoit plus miſérable, ni qui ait jamais
» tant ſouffert dans aucun ſiècle précédent. Les
» preuves du fait que j'avance ſont innombra-
» bles. Les moyens de rigueur & de cruauté
» dont on fait uſage envers cette malheureuſe
» claſſe de nos ſemblables, ſont d'une ſévérité
» & d'une violence qui attriſte & révolte l'ame.

» Dans la ſeule Iſle des Barbades, vous poſ-
» ſédez au moins quatre-vingt mille Nègres,
» ſans compter tous les moyens de les accroître
» par la propagation humaine dans un climat
» qui, à beauconp d'égards, reſſemble à leur
» pays natal ; nonobſtant ces reſſources d'ac-
» croiſſement, il n'eſt pas d'année où les Bar-
» bades ne ſoient dans la néceſſité de faire venir

» cinquante mille Noirs, pour remplacer les
» efclaves qui y périffent & en tourmenter tou-
» jours le même nombre. Cette perte prodigieufe
» exifte en même proportion dans les autres
» Colonies Américaines ; elle prouve avec évi-
» dence que vôtre adminiftration eft tyran-
» nique, & que vos traitemens font d'une dureté
» & d'une oppreffion meurtrière qui contribuent
» de bonne heure à les précipiter au tombeau ;
» & c'eft avec raifon qu'on penfe que le tra-
» vail exceffif dont ils font accablés dans un
» climat brûlant, la mauvaife qualité, le peu
» d'abondance de leur nourriture, & la rigueur
» de vos traitemens font les juftes caufes de
» leur deftruction prématurée. «

Dans une Relation du nord de l'Amérique,
par Thomas Jeffery (*a*), l'Auteur, en parlant
du fort des efclaves aux Indes Occidentales ,
s'exprime ainfi :

» Il eft impoffible au cœur humain de jetter

____

(a) *Account of Part of Negroes in North Ame-*
rica , publish'd by Thomas Jeffery : printed anno 1761.

» un regard fur cette malheureuse portion du
» genre humain & fur les douleurs qui accom-
» pagnent leur fervitude, fans avoir l'ame at-
» tendrie avec amertume fur des misères cruelles
» qui ne finiffent qu'à leur mort ; il n'exifte rien
» fur la terre de plus cruel ni de plus
» affreux que le fort de ces miférables Efclaves :
» on diroit à les voir, qu'ils font l'opprobre &
» la honte du genre humaie. Bannis de leur
» pays natal, enchaînés & traînés avec violence
» dans une terre étrangère, privés de cette
» heureufe liberté dont jouiffent toutes les autres
» Nations, ils font réduits à une condition plus
» dure que les bêtes de labourage. Quelque peu
» de racines ou des patates compofent effentiel-
» lement leur nourriture, & deux miférables
» haillons qui ne les mettent jamais à l'abri des
» chaleurs du jour, ni des froids exceffifs de la
» nuit, font tout leur vêtement ; leur fommeil
» eft court, leur travail accablant & prefque con-
» tinuel ; ils ne reçoivent aucun falaire ; & pour
» les fautes les moins confidérables, on leur
» donne vingt coups de fouet, &c. &c. &c. «

Une perſonne diſtinguée qui a voyagé dans
les Iſles Occidentales, & qui a conſidéré attentivement la triſte ſituation des eſclaves, nous a
communiqué les obſervations ſuivantes.

    » Je me ſuis journellement occupé ici à exa-
» miner le ſort des Nègres & les traitemens
» rigoureux dont ils ſont généralement acca-
» blés : pour la plus petite négligence, ils ſont
» fouettés impitoyablement, ou bien on les
» frappe avec de gros bâtons , & on voit ſou-
» vent leurs corps meurtris ou enſanglantés :
» enfin, ces Colons cruels ne font cas de la
» vie de leurs eſclaves, que parce qu'ils coûtent
» quelqu'argent ; & lorſque ces maîtres ſont en
» colàre , ils ne ſont retenus de faire périr un
» Noir ſous leurs coups , que par la crainte de
» perdre la ſomme qu'il leur a coûté & le tra-
» vail qu'ils en eſpèrent. Ils ne les regardent
» point comme une portion des créatures hu-
» maines qui poſsèdent une ame, une raiſon ni
» des ſentimens comme les nôtres ; mais préci-
» ſément comme des brutes ou des mulets qui
» ſont entêtés, méchans, vindicatifs, privés de

» sensibilité, & uniquement destinés à porter
» des fers. Regardés sans cesse comme les rebuts
» de tous les êtres de la nature, leurs maîtres ne
» souffrent jamais qu'ils aient aucun droit aux
» priviléges humains, & les considèrent à peine
» comme des ouvrages du créateur. «

Y a-t-il la moindre humanité à prononcer une sentence aussi rigoureuse sur tant de générations d'êtres qui, dans le vrai, sont nos semblables, qui nous consacrent leur travail, sans le moindre espoir de salaire, & qui n'en retirent que des peines cruelles & des fatigues sans fin ; cette conduite est-elle d'accord chez un peuple chrétien avec ce précepte du Christ : (*L'ouvrier est digne de sa nourriture?*)

On vient de publier tout récemment encore une *Relation particulière du traitement que les Esclaves d'Afrique reçoivent dans les Indes Occidentales,* où en accordant la plus grande faveur à ceux qui, aveuglés par un vil intérêt, cherchent à excuser cet affreux commerce & à pallier la sévérité dont ils usent envers eux, on leur fait quelques justes représentations sur les abus qu'ils en font avec tant de rigueur.... Voici comment l'Auteur s'explique :

" L'iniquité de la traite des Nègres eſt
" cruellement aggravée par l'inhumanité avec
" laquelle les eſclaves font traités dans les plan-
" tations; non-ſeulement à raiſon de leur nour-
" riture , mais encore à l'égard des travaux
" exceſſifs qu'on exige d'eux ſans la moîndre
" pitié; il faut ajouter encore les châtimens
" cruels qu'ils ſouffrent tous les jours, qui n'ont
" d'autres bornes que la volonté , ou le ca-
" price de leurs conducteurs. Quoique leurs
" ouvrages ſoient plus longs & auſſi pénibles
" dans les Barbades & dans pluſieurs autres
" Iſles, on ne donne à chaque eſclave cultiva-
" teur qae trois pintes de bled d'Inde & trois
" harengs ſalés pour leur ſubſiſtance d'une ſe-
" maine entière. "

Georges Whitefield , dans une Lettre écrite
de la Géorgie aux habitans du Maryland , imprimée en 1739, rend compte de la ſituation des
Nègres de cette partie des Colonies Américaines
dans

dans le Sud (*a*). On y remarque effentielle-ment le paffage que j'ai traduit (je crois) dans le fens le plus vrai.

» Lorfque j'ai paffé derniérement dans vos
» provinces, tout ce que je vis fur mon che-
» min pénétra mon cœur de douleur & de trif-
» teffe, & je fus touché d'une vive compaffion
» en voyant les mifères de vos efclaves. Croyez-
» vous qu'il foit permis à de vrais Chrétiens
» d'acheter des Nègres pour les revendre &
» pour fe les procurer, d'encourager la plupart
» des peuples leurs compatriotes à fe faire fans
» ceffe la guerre les uns contre les autres? C'eft
» ce que je ne conçois pas ; mais je fuis fûr
» qu'il eft criminel , après les avoir achetés, de
» les traiter auffi mal & plus mal que les bêtes
» brutes. Quelles que foient les exceptions par-
» ticulières qu'on peut y porter (en fuppofant

(a) *Letter from Georgia to the Inhabitants of Mary-land , Virginia , North and South Carolina , upon the fituation of the Negroes in fouthern Provinces on the Continent : by Georges Whitefield. Georgia , 1739.*

I. *Partie.*   G

» charitablement qu'il y en ait quelqu'une), je
» crois qu'en général vos esclaves font furchar-
» gés de fardeaux qui excèdent les forces hu-
» maines ; & que leur travail eft plus dur que
» celui des chevaux même que vous fatiguez le
» plus. Ces derniers, lorfqu'ils ont fait leurs
» courfes, font nourris & traités avec un foin
» particulier, tandis que la plupart des Nègres,
» lorfqu'ils font épuifés de fatigues dans vos
» plantations, font encore obligés, avant de
» prendre aucun repos, d'allumer du feu, d'aller
» moudre leur grain, & le faire cuire eux-
» mêmes, &c. &c. &c. Vos chiens font chaque
» jour careffés par vous, & mangent ce qu'on
» deffert de vos tables ; mais vos efclaves qui
» font tout votre travail, & travaillent à votre
» fortune, font plus maltraités cent fois que
» ces animaux domeftiques, & n'ont pas même
» la permiffion de ramaffer les miettes qui tom-
» bent des tables de leurs maîtres : fans compter
» tous ceux qui ont été facrifiés à la fureur de
» vos fuftigeurs barbares qui leur déchirent les
» reins à grands coups de lanières, & leur font

» fur le dos des excoriations affreufes & des
» plaies fi douloureufes, que plufieurs en font
» morts quelques jours après.

» En continuant mon voyage, j'ai vu vos
» plantations belles & bien cultivées, beaucoup
» de maifons vaftes & bien bâties, & leurs pro-
» priétaires vivant fomptueufement tous les
» jours ; mais mon fang s'eft plufieurs fois glacé
» dans mes veines, en voyant le peu de mau-
» vaife nourriture que vous diftribuez à vos
» efclaves & les haillons déchirés qui couvrent
» à peine leur nudité, quoique toutes les
» richeffes dont vous faites un fi prodigue ufage
» foient entiérement le produit de leurs tra-
» vaux continuels. L'Ecriture vous dit cepen-
» dant : *Tu ne lieras pas la bouche du bœuf qui*
» *foule le grain.* Puifque vous convenez que
» votre créateur vous a ordonné de prendre un
» tel foin de vos beftiaux, croyez-vous qu'il
» ne veuille pas que vous preniez autant de
» foin de ces miférables humains que vous
» appellez vos efclaves ? Tremblez, riches au
» cœur dur, & verfez des larmes amères fur les

>> crimes multipliés entaffés fur vos têtes cou-
>> pables !

Ceux qui nous ont obfervés dans l'état malheureux d'un vil efclavage, l'ame trifte & fans
énergie, n'ayant aucun fentiment de notre pays
natal, prétendent que nous fommes infenfibles
aux avantages de la liberté, & que le fort qu'ils
nous affurent dans leurs habitations eft pour
nous un fort plus heureux que celui de vivre
errans & abandonnés dans notre patrie....

Peuples Européens, on vous trompe ; nous
ne fommes pas des êtres errans ni abandonnés
dans nos climats d'Afrique, puifque nous y
avons nos habitations, nos terres, nos pères,
nos femmes & nos enfans. Notre exiftence douce
& paifible (avant que nous vous connuffions),
nous coûte peu de travail & point de tourmens. Vous avez plus d'efprit que nous, parce
que vous le cultivez davantage : mais nous avons
les mêmes organes, les mêmes fentimens & les
mêmes principes d'humanité, puifque tout ce
que vous fentez dans vos cœurs, nous l'éprouvons de même. Les arts & les fciences font

honorés dans ma patrie, nos terres bien cultivées, nos maisons bien bâties, & nos peuples
bons & généreux envers les étrangers. Si vous
n'ajoutez pas foi au fidèle More-Lack, vous en
croirez au moins les relations des facteurs Anglois, François ou Hollandois qui ont voyagé
dans nos terres d'Afrique. Voici quelques extraits
de leurs Relations imprimées.

CHAPITRE XVI.

Relations des Voyageurs célèbres fur la Guinée & le Sénégal.

DANS l'Hiftoire de la Gorée & du Sénégal, publiée par Adanfon, & imprimée en 1754 (a), on lit toujours avec plaifir la defcription fuivante des climats qu'il a parcourus.

        » De quel côté que je tourne mes yeux dans
» cette charmante contrée, j'y découvre une
» image parfaite de la belle Nature, par-tout
» des folitudes agréables dans des pays déli-
» cieux, mille petites maifons champêtres en-
» vironnées d'un nombre infini d'arbres de diffé-
» rentes efpèces. Les Nègres qui repofent avec
» plaifir leur douce indolence à l'ombre de leurs
» feuillages touffus durant la chaleur, la fimpli-

(a) *Adanfon's Voyage to Senegal, and the Mo-dern Hiftory , 1754.*

» cité de leurs vêtemens & de leurs coutumes,
» annonce l'âge d'or des premiers siècles du
» monde. Tout cet enfemble rappelle à mon
» efprit l'image de l'heureufe exiftence de nos
» premiers pères. Les peuples y font généra-
» lement d'un bon naturel, doux, fociables &
» obligeans : la première réception que j'ai
» reçue d'eux m'a fait éprouver le plus grand
» plaifir, & convaincu qu'il y a beaucoup de
» fauffeté & d'exagération dans tout ce qu'on a
» dit ou écrit fur le caractère fauvage des Afri-
» cains. J'ai obfervé au contraire qu'ils avoient
» une grande humanité pour les étrangers qui
» voyageoient chez eux, & beaucoup de fo-
» ciabilité entre eux. L'affection qu'ils nous
» témoignèrent me donna bientôt de la con-
» fiance pour eux ; je vis que je pouvois voya-
» ger dans leurs plaines avec une entière sû-
» reté, & leurs procédés m'engagèrent à pour-
» fuivre mes recherches touchant les chofes
» remarquables de cette contrée. Je les conti-
» nuai dès ce moment avec tout le fuccès que
» j'en attendois. «

G iv

William Bofman, un des principaux facteurs
Hollandois qui a féjourné feize ans dans la Guinée pour la traite des Nègres & d'autres affaires
de commerce, en parlant des Habitans de la
partie du continent qu'il a habité, a dit :

» Les peuples font généralement bons, hon-
» nêtes & fincères dans leur commerce, d'une
» converfation douce & affable, traitant les
» étrangers avec amitié, & concevant toujours
» ce qu'on leur dit de raifonnable. Ceux d'en-
» tr'eux qui ont reçu une éducation cultivée
» ont prouvé, par le progrès de leurs con-
» noiffances, qu'ils étoient capables d'un juge-
» ment auffi vafte & auffi brillant que des Eu-
» ropéens : que ce peuple recueilloit avec
» abondance toutes fortes de fruits ; que leur
» climat très-peuplé & leurs terres très-fertiles
» produifoient toutes fortes de grains, bled,
» patates, &c. que leurs campagnes étoient
» fi bien cultivées, qu'en général les fentiers
» qui féparoient leurs champs étoient les
» feuls endroits qui ne produififfent aucunes
» denrées ; que les Nègres cultivateurs ne

» négligeoient aucun morceau de terre qui
» fût capable de production, & que leur terroir
» & leur climat étoient si favorables à la
» végétation, qu'aussi-tôt qu'ils avoient re-
» cueilli une récolte, ils préparoient la terre
» pour l'ensemencer de nouveau ; que l'inté-
» rieur de leur continent étoit rempli de
» villes, de villages & de terreins en bonne
» valeur ; que l'aspect d'un pays si bien cul-
» tivé, paroissoit être un jardin immense cou-
» vert de riz, de bled, de bœufs, de vo-
» lailles & d'un grand nombre d'habitans aisés
» & laborieux. «

William Smith, qui fut envoyé en 1726 pour visiter les établissemens de la côte de Guinée, confirma les mêmes observations sur les contrées de Delimina & Cap Corse. Il dit dans ses Mémoires :

» Plus vous descendez dans les parties qu'on
» appelle les Côtes Esclaves, plus le sol paroît
» riche, fertile & délicieux. « En parlant de
leurs inclinations morales, il ajoute : » Ils sont

» un peuple doux, civil & d'un naturel excel-
» lent, induſtrieux au dernier degré; on s'ap-
» perçoit à chaque inſtant qu'ils ſont doués d'un
» eſprit vif, pénétrant, d'une intelligence des
» plus heureuſes, & qu'ils ſeroient capables de
» faire d'aſſez grands progrès dans les ſciences,
» ſi leur eſprit étoit cultivé par l'étude. «

Le même Obſervateur ajoute dans ſes écrits,
une réflexion frappante que voici :

» D'après les rapports que je reçois jour-
» nellement de mes facteurs touchant leurs
» courſes dans cette contrée, les anciens Nègres
» de ces climats nous ont rapporté que le plus
» grand malheur de leur nation venoit d'avoir
» été connus & viſités par les Européens ; que
» c'étoit les Chrétiens qui avoient introduit
» chez eux le trafic des eſclaves, & occaſionné
» leurs guerres inteſtines pour acheter les pri-
» ſonniers ; & qu'avant ce malheureux tems,
» leurs guerres étoient très-rares, & qu'ils vi-
» voient ordinairement en paix. «

Un François, nommé Benezeth, homme ſin-

cère & vraiment estimable qui a vécu long-
tems en Amérique, & vu de près le fort & la
traite des Nègres, rapporte les paroles sui-
vantes dans un petit Ouvrage intitulé : *Avis à
la Grande-Bretagne sur ses Esclaves, &c.....*
*A Caution to Great-Britain and her Colonies in a
short representation of the calamitous state of the
Enslaved Negroes in the British Dominious , by
Anthony Benezeth. Printed London James Philipps Lombard Street , 1784.*

» C'est avec raison que toutes les Relations
» de ceux qui ont voyagé en Guinée nous
» rapportent que leurs habitans sont laborieux,
» ingénieux & humains ; que leurs organes sont
» sains, leur jugement solide , & leur esprit
» propre aux arts & aux sciences ; que leur
» contrée est pleine de fruits délicieux : leurs
» campagnes couvertes de moissons, de prai-
» ries & de bestiaux , & qu'il n'existe point de
» pays où les objets nécessaires à la vie & aux
» habillemens soit à meilleur marché. Tout est
» plus facile à s'y procurer que dans la plu-
» part des autres contrées d'Afrique, & que

» dans les autres climats qui font dans le
» Nord (*a*). «

André Brue, l'un des principaux facteurs de
la France, dit, dans la Relation de la grande
riviere du Sénégal qui coule environ deux ou
trois cents milles dans cette contrée : » Plus
» vous avancez dans le continent en vous éloi-
» gnant de la mer, plus le pays paroît riche
» & les bords de ce fleuve fertiles & d'un grand
» produit. La Guinée donne avec abondance du
» bled d'Inde, du riz, du tabac, de l'indigo,
» & des légumes excellens de toutes fortes
» d'efpèces. On rencontre par-tout de vaftes
» prairies, dont l'herbe épaiffe & d'un verd
» vigoureux fert de pâture à une quantité éton-
» nante de gros & de menu bétail, & par-tout
» on y voit dee troupeaux de volailles & d'oi-
» feaux fauvages en abondance. «

Le même Voyageur, dans la Relation des
parties du fud fur la riviere de Gambia, exprime

(*a*) Voyez *Some Hiftorical account of Guinea.*

fa » vive furprife de voir un pays fauvage auffi
» bien cultivé, où rarement le moindre mor-
» ceau eft négligé; où les terreins bas font
» coupés par petits canaux, dont les bords
» font femés de riz, & les terreins élevés cou-
» verts de bled d'Inde, de millet & de pois de
» plufieurs efpèces; les bœufs, les moutons,
» les volailles & toutes les chofes néceffaires
» aux befoins de la vie y font à très-bon mar-
» ché, & les peuples difpofés à faire tout ce
» qu'on leur demande. « Il ajoute » que la juf-
» tice s'y rend comme en Europe; qu'il a lui-
» même affifté à leurs tribunaux, & qu'il a été
» témoin de plufieurs affaires qui ont été jugées
» par le Roi de cette contrée, affifté de fes
» vieux Confeillers; que le Monarque recueil-
» loit leurs avis, & prononçoit lui-même fes
» arrêts avec une précifion & une équité frap-
» pantes : que le meurtre & le crime de trahifon
» étoient les feuls punis de mort, & le ban-
» niffement ou l'efclavage la punition des autres
» forfaits. «

Il cite encore la ville de Dramanet au Séné·

gal, comme très-peuplée d'habitans juftes, laborieux, & la plupart très-habiles Négocians.

Je terminerai les témoignages de ce favant
Navigateur, en faveur de l'intelligence naturelle
des Nègres & de l'heureufe exiftence de leur
pays natal, en donnant une efquiffe abrégée de
l'hiftoire d'un Prince Nègre que le hafard fit
tomber dans l'efclavage. C'eft André Bluet qui
l'a rapportée lui-même dans les Mémoires de
fes voyages, où on peut la lire accompagnée
des détails les plus intéreffans. Elle eft imprimée à Londres.

CHAPITRE XVII.

Histoire de l'esclavage du Prince Africain Job Ben. Salomon.

JOB Ben. Salomon étoit fils du Grand-Prêtre & Roi de Bunda, dont les états font fitués fur les bords de la rivière de Gambia. Il affifta fon père en qualité d'Iman, époufa deux femmes, la première, fille de l'Alfa ou Prince de Tombuto, dont il eut trois enfans ; la feconde, fille de l'Alfa de Tomga, dont il eut une fille.

Un vaiffeau anglois, arrivé dans la Gambia pour y charger des Nègres, excita la curiofité de ce jeune Prince ; il s'y rendit *incognito*, fuivi feulement de deux domeftiques & d'un certain nombre de Noirs que fon père le chargea de vendre au Commandant du vaiffeau anglois.

Comme fon père n'ignoroit pas que le jeune Salomon avoit un goût décidé pour les voyages, il l'exhorta à ne pas trop s'éloigner dans le continent, & fur-tout de ne pas paffer la grande rivière, parce que les habitans de l'autre rivage étoient fes ennemis les plus implacables. Le Prince promit tout ce que fon père vouloit; mais il ne lui tint pas parole.

Job Salomon partit au mois de Février 1730; mais, n'ayant pas été d'accord avec le Capitaine Anglois touchant le prix qu'il offrit des efclaves, le jeune Prince renvoya fes domefti-ques vers fon père, lui en faire part, & le prier d'être tranquille à fon égard, s'il ne revenoit pas encore; attendu qu'avant fon retour, il défiroit vifiter les environs de la mer.

Job oubliant les avis de fon père, loua un interprète qui favoit la langue du pays qu'il vouloit traverfer : il paffa la grande rivière ; &, pour fe débarraffer de fes efclaves, il en vendit une partie pour quelques vaches. Quoique ce fût alors le mois appellé Mars, le climat de l'Afrique étoit fi tempéré, qu'on éprouvoit déja la brûlante ardeur du foleil, lorfqu'il étoit à moitié de fa courfe. La chaleur ayant engagé Job à fufpendre fa marche, il s'arrêta fous un gros arbre,

arbre, suspendit ses armes aux branches; & se
coucha par terre : ses armes étoient composées
d'un carquois rempli de flèches, d'un arc, d'un
poignard d'or massif & d'un sabre dont la mon-
ture étoit enrichie de perles & la poignée en
or; ses esclaves & son interprète se promenant
aux environs, le perdirent de vue, & le prince
s'endormit sans songer au danger qui l'environ-
noit.

Ses gens furent malheureusement rencontrés
par une troupe de Mandingos voleurs des bois,
accoutumés au pillage : ils n'échappèrent à leurs
violences, qu'en prenant la fuite par un autre
sentier. La même bande ayant passé auprès
de l'arbre où dormoit Job, l'arrêta, lui vola
ses habits & ses armes, le lia avec des cordes, lui & son interprète, & leur fit raser
la tête & le menton, afin de les faire regarder
comme des esclaves à vendre plutôt que comme
des personnages de distinction. L'interprète eut
beau déclarer aux Mandingos, que Job étoit le
fils du Roi de Bunda. Ils ne voulurent en rien
croire, ou firent semblant de l'ignorer; malgré

fa fuite, fes armes, fon équipage & fa barbe qui l'annonçoient affez, ils les amenèrent tous deux au Capitaine Pike, le même Capitaine Anglois qui, trois jours auparavant, avoit refufé de lui acheter fes propres efclaves; & ce Commandant inhumain feignant auffi de le méconnoître l'acheta des voleurs & le confondit parmi fes autres Nègres.

Cependant, dans l'efpoir de tirer une forte fomme pour fa rançon, il permit à Job & à fon interprète d'envoyer un exprès à fon père pour l'informer de leur malheureux fort. Mais fes états étant fitués près du comptoir de Joar, éloigné de la mer d'environ quinze journées de marche. Le Capitaine ne voyant pas arriver affez tôt des nouvelles du Roi qui n'étoit pas alors à Bunda, appareilla fon vaiffeau, partit pour le Maryland, & vendit le Prince Job & fon compagnon à un Négociant Anglois appellé *Hunt*, qui les confia à fon facteur *Michel Denton*, pour les vendre à fon compte au plus haut prix poffible.

On a fu par la fuite que fon père avoit envoyé au Capitaine Pyke beaucoup d'efclaves pour racheter fon fils , & qu'il avoit éprouvé la plus vive douleur en apprenant fon départ & fon efclavage.

Malheureufement pour le Prince Job, perfonne dans le Maryland n'entendoit fon langage ni celui de fon interprète. Il fut vendu à un Marchand appellé *Tolfey*, & occupé à la culture du tabac, où fes forces s'épuifoient chaque jour, quoiqu'il fît moins de travail que les autres efclaves. Tolfey , qui ignoroit le fort & la naiffance de ce jeune homme, fe repentit d'avoir acheté un efclave peu vigoureux ; mais intéreffé par un fentiment d'humanité bien rare parmi fes pareils, il lui confia le foin de fes beftiaux, afin de lui donner le tems de rétablir fes forces & fon courage. Ce nouvel emploi parut plus doux à Job, & il s'en acquitta avec intelligence.

Ce jeune Prince étoit Mahométan ; &, malgré la rigueur de fon infortune, il en obfervoit fouvent les pratiques religieufes, en fe retirant dans quelque lieu du bois le plus ifolé, pour n'y être interrompu de perfonne. Un jeune Blanc

y fit attention, le guetta par efpiéglerie, & fe
fit un plaifir malin de l'interrompre fouvent dans
fes dévotions: mais Job dont la foi étoit fincère & conftante, continuoit toujours fes prières,
quoique ce Blanc lui jettât par fois de la pouf-
fière & de la terre au vifage. Il effaya de s'en
plaindre ; mais il ne fut écouté de perfonne :
le défefpoir d'être traité de la forte, & de
ne pouvoir pas même fe faire entendre dans
une contrée où tout homme noir étoit l'objet
du mépris , il projetta de fuir, & dans la
nuit , il s'échappa au - travers des bois ; ne
vivant le jour que de feuilles ou de plantes fauvages qui lui donnèrent fouvent des coliques
affreufes.

Après plufieurs jours de marche, de fatigue
& de frayeurs continuelles, Job arriva dans le
Comté de Kent fur les bords de la Delaware en
Penfilvanie. Il y fut arrêté au mois de Juin
comme efclave fugitif, parce qu'il n'avoit aucun
paffe-port, & ne pouvant pas même expliquer
fa fituation ni converfer avec perfonne, il fut
conduit en prifon, où il fut traité avec tout le

poids de cette sévérité condamnable que les geoliers se plaisent à appesantir sur cette malheureuse partie du genre humain. A. Bluet, qui a été depuis l'ami intime & le compagnon de voyage de ce jeune Prince, ayant eu la curiosité de visiter les prisons, y remarqua Job accablé de la plus vive douleur. Dès qu'il apperçut Bluet, il lui dit plusieurs fois : *Allah, Mahomet, allah*, pour lui faire connoître qu'il étoit Mahométan. L'Anglois lui fit présenter un verre de vin, qu'il refusa de boire en le repoussant avec horreur. Bluet comprit dès lors qu'il étoit élevé dans le Mahométisme ; & lui ayant trouvé une physionomie intéressante & des manières nobles & distinguées qu'il n'avoit jamais remarquées que parmi les Princes Africains, il imagina avec raison que ce jeune homme infortuné n'étoit pas un esclave ordinaire, puisqu'il avoit reçu une éducation aussi rare parmi ses pareils.

Bluet ayant appris de lui qu'il étoit originaire du royaume de Bunda, s'informa parmi tous les Nègres des habitations voisines, s'il n'y en auroit pas un de la même nation ; ses recherches

eurent un fuccès heureux : il trouva un vieux
Nègre Jalof, qui favoit fon langage & celui des
Anglois : il fut amené au jeune Job, qui, dans
la joie qu'il reffentoit de retrouver un homme
de fon pays, le preffa plufieurs fois dans fes
bras, & embraffa Bluet qui le fouffrit par humanité. Le vieux Jalof, après avoir parlé avec
Job, apprit enfin aux Anglois que ce jeune
homme étoit un Prince Mahométan, fils de
l'Alfa de Bunda ; que des voleurs l'avoient
vendu au Capitaine Pyke, & qu'il avoit été
conduit efclave en Amérique, &c. &c. &c. On
écrivit à fon maître Tolfey, qui, touché de fon
fort & de fes malheurs, vint le chercher lui-
même, le fit fortir de fa prifon, & le traita
avec beaucoup d'égards & de confidération. Il
le conduifit dans fon habitation, le diftingua de
fes autres efclaves, en lui donnant un logement
particulier pour y faire fes exercices religieux.
Il écrivit lui-même à fon père, pour l'informer
de fa trifte fituation & du défir qu'il auroit de
retourner en Afrique, s'il vouloit envoyer fa
rançon au maître Américain qui l'avoit acheté.

Tolsey remit la lettre du Prince à Denton, pour la donner au Capitaine Pyke qui projettoit alors un autre voyage en Afrique; mais son voyage n'ayant pas eu lieu, il envoya cette lettre à M. Hunt, avec prière de la faire passer en Afrique, à la première occasion.

Un Anglois, nommé Ogléthorpe, apperçut par hasard cette lettre chez M. Hunt, & voyant qu'elle étoit écrite en langue Arabe, il la fit traduire par pure curiosité. Il trouva dans la lettre du jeune Job l'empreinte d'une ame courageuse qui fait supporter les malheurs, & ces sentimens de grandeur, de noblesse & de générosité qui font inconnues au vulgaire. Un jugement solide & vrai, des connoissances profondes, & un sentiment de douceur, de justice & d'humanité, rendoient sa lettre très-intéressante, sur-tout lorsqu'il peignoit les traitemens rigoureux des Employés sur les Africains. Il la finissoit, en suppliant son père, au nom de Mahomet, d'envoyer cent esclaves à son maître Tolsey pour sa rançon, & afin de reconnoître les égards & les témoignages qu'il

avoit reçus chez lui pendant son esclavage.

Ogléthorpe éprouva tant d'émotion, après avoir lu cette lettre, qu'il promit une somme considérable à Hunt, afin de le déterminer à faire venir ce jeune Prinee à Londres. Hunt chargea son facteur d'Amérique de racheter Job, & de le faire partir sur le *William*, vaisseau anglois commandé par le Capitaine Wright.

Bluet, qui avoit contribué à le faire sortir de prison en lui découvrant son compatriote Ja-lof, avoit conçu pour ce jeune Prince beau-coup d'estime & d'affection. Lorsqu'il apprit qu'il devoit s'embarquer sur le *William*, & qu'il avoit été racheté, il engagea Bluet à le suivre en Afrique, l'assurant qu'il lui donneroit un des premiers emplois de son royaume; & que, s'il devenoit Roi, il partageroit avec lui ses États. Bluet se détermina à le suivre par reconnoissance & Job, en quittant son maître Américain, lui fit mille caresses, le remercia plusieurs fois de toutes ses bontés, pressa souvent sa main sur son cœur, & lui témoigna un grand regret de te qu'il n'avoit pas fur lui beaucoup d'or à lui donner, pour lui prouver fon affection & fa fenfibilité: après quoi il partit, accompagné de Bluet & de plufieurs autres paffagers qui alloient en Angleterre fur le même vaiffeau.

Comme il avoit été annoncé & recommandé au Capitaine Anglois, il fut traité à bord avec confidération; & dans le peu de tems que dura la traverfée, il apprit paffablement l'anglois, écrivit en lettres arabes les principaux termes de cette langue, & les apprit avec une facilité furprenante. Sa mémoire étoit prodigieufe; il favoit tout l'Alcoran par cœur, & le récitoit fans jamais héfiter : fes manières douces, affables & diftinguées, fon difcernement & fes attentions à n'offenfer perfonne, lui gagnèrent l'amitié de tous ceux qui le connurent en mer.

Il arriva à Londres dans le mois appellé Avril de l'année 1733, & defcendit chez Hunt qui le logea décemment. Il demanda en arrivant où étoit fon bienfaiteur Ogléthorpe, & il témoigna une douleur profonde, lorfqu'il apprit que des affaires l'avoient obligé à faire un voyage dsns la Géorgie,

Bluet lui-même, intime ami du Prince, s'absenta pour aller visiter ses parens & sa famille qui habitoient les environs de la capitale. Après y avoir passé quelques jours, il revint à Londres, & fut voir en arrivant son ami Job. Il le retrouva triste, pâle, abattu & absorbé dans de profondes méditations. Lui ayant demandé la cause de sa mélancolie, Job lui répondit : » Comment ne serois-je pas affligé dans une » terre étrangère, où tous ceux qui m'avoient » témoigné de l'amitié cherchent à s'éloigner » de moi? Seul, misérable, abandonné de la » Nature entière, n'ayant aucunes nouvelles de » mon pays ni de ma famille ; Ogléthorpe qui » m'a fait venir ici, va courir à deux mille » lieues de moi; mon seul & meilleur ami Bluet » me quitte sans cesse ; &, pour mettre le comble » à mes infortunes, plusieurs personnes » offrent à Hunt de m'acheter fort cher, pour » me précipiter encore dans l'esclavage aux » extrémités de l'Asie. Juge toi-même si la

» crainte des nouveaux malheurs qui me me-
» nacent, n'eft pas capable de me caufer de
» vives alarmes. « Bluet, touché de fa fituation, employa tous fes foins à calmer fa vive
inquiétude, & obtint de Hunt la permiffion de
l'emmener à fa maifon fituée dans le Comté
d'Hertford, en lui donnant caution qu'il ne
s'évaderoit pas, & ne quitteroit pas fon habitation fans le confentement de Hunt.

Job fatisfait quitta Londres avec plaifir, &
témoigna à Bluet une vive fatisfaction de vivre
au fein de fa famille, auprès de fon meilleur
ami. Tous les habitans d'Hertford, qui eurent
occafion de le voir, furent enchantés de fon
humeur & de fes manières, prirent beaucoup de
part à fes peines, & le comblèrent de careffes
& d'amitiés. Lorfqu'il y eut féjourné quelque
tems, il intéreffa plus vivement encore ceux
qui eurent occafion de le connoître, & la plupart offrirent de lever une fomme volontaire fur
tous les gens honnêtes de ce canton, pour payer
à Hunt fa rançon, & fournir aux frais de fon
retour dans fa patrie.

Cette foufcription fe retardoit , lorfqu'un homme généreux & compatiffant la fit réuffir, en foufcrivant le premier pour une fomme affez confidérable. Le prix de fa rançon fut bientôt plus que complet ; & les Directeurs de la Compagnie d'Afrique , informés de ces actes d'humanité , voulant y contribuer auffi , envoyèrent un ordre à M. Hunt de fournir l'état des dépenfes qu'il avoit faites pour Job. La Compagnie les lui rembourfa en entier ; & pour mettre le Prince à l'abri de toutes les craintes, après que fa rançon eût été payée , la Compagnie le logea , l'entretint , & lui fournit tout ce qui lui étoit néceffaire jufques à fon départ pour fa patrie.

Dès ce moment, le jeune Prince , plus fatisfait , ne ceffoit de faire éclater fa vive reconnoiffance pour les généreux Anglois , dans les termes les plus expreffifs & les fignes les plus touchans. Son plus grand plaifir, difoit-il, étoit de vifiter fes bienfaiteurs , & fa plus grande peine d'être obligé de s'en féparer probablement pour toujours.

Le Chevalier Huns Sloane fut un de ceux qu'il vifita le plus fouvent; &, par reconnoiſ-fance, il lui traduiſit en anglois pluſieurs ma-nuſcrits arabes & d'autres morceaux curieux.

Job ayant un jour entendu parler de la fa-mille royale, & des tendres ſoins que la Reine prenoit de ſes enfans, témoigna le plus grand deſir de la voir avant ſon départ pour l'Afrique. Il preſſa vivement le Chevalier Sloane de l'y conduire, quand elle retourneroit de Windſor. Pour procurer au Prince Job cette ſatisfaction, on lui fit faire un riche habit de ſoie dans le côſtume Africain; &, peu de jours après, il fut préſenté au Roi, à la Reine, & aux jeunes Princes de la famille royale. Il fut parfaitement accueilli, reçut des préſens de la Reine, & fut invité à manger chez pluſieurs Ducs & Lords d'Angleterre. Pour lui procurer plus d'agrément à Londres, tous les Grands qui l'avoient vu ſe réunirent, & lui firent auſſi préſent d'une ſomme conſidérable & de pluſieurs bijoux & inſtru-mens de phyſique, de labourage, &c. &c. &c. pour leſquels il avoit témoigné du goût & des connoissances. On lui remplit plusieurs caisses de ces divers objets ; &, après avoir séjourné plus d'un an en Angleterre, il prit passage sur un vaisseau de la Compagnie qui faisoit route vers ses États, & entra dans la rivière de Gambia dans le mois appellé Août en 1734.

Graces aux lettres de recommandation qu'il avoit reçues de la Compagnie & de plusieurs Grands d'Angleterre, il fut traité en mer avec dignité, & reçu avec tous les égards les plus distingués par les Gouverneurs Anglois qui sont résidens sur les côtes. Le desir de surprendre agréablement son père, le décida à s'embarquer, le 23, sur une grande chaloupe qui alloit au comptoir de Joar.

Le 26 du même mois, ayant mis pied à terre aux environs de Damazenfa, Job s'assit sous un arbre avec les Anglois qui l'accompagnoient. Peu après, sept ou huit Nègres Mandingos, de la même nation de ceux qui l'avoient enlevé & vendu esclave, passèrent auprès du lieu où ils étoient couchés. La colère & le ressentiment s'emparèrent aussi - tôt du jeune

Prince. Dans sa première fureur, il sauta sur son sabre & ses pistolets, & les auroit tous terrassés, si le facteur Anglois qui l'accompagnoit ne l'eût arrêté. ᵹᵹ Tu as raison, lui répondit-il. ᵹᵹ *il est plus beau de pardonner à ses ennemis,* ᵹᵹ *lorsqu'on peut leur ôter la vie.* ᴄᴄ

Il fut lui - même le premier à rassurer les Nègres Mandingos : il les appella, leur donna des fruits à manger, & leur demanda comment se portoit le Roi leur maître, celui qui avoit fait conduire le jeune Job esclave au Capitaine Pyke. — ᵹᵹ Il est mort, (répondirent-ils ;) & ᵹᵹ le même pistolet que le Prince Job portoit ᵹᵹ ordinairement à son col, lui a ôté la vie ᵹᵹ lorsqu'il voulut le porter lui-même. ᴄᴄ

Ce Prince, transporté de joie, tomba aussi-tôt à genoux, & rendit graces à Mahomet de l'avoir vengé, en punissant son ennemi avec les mêmes armes qui lui avoient été enlevées. Après un moment de silence, il s'assit, & se tournant vers les Anglois qui le regardoient avec une singulière curiosité, il leur dit d'une voix haute & animée : ᵹᵹ Vous le voyez, chers amis ; le

» Dieu du ciel & de la terre n'a pas approuvé
» l'action de cet homme en me vendant pour
» l'esclavage, puisque les armes mêmes qu'il
» m'avoit volées ont servi dans ses propres
» mains à sa destruction. Je viens d'en rendre
» graces au ciel ; mais je lui aurois pardonné,
» s'il vivoit encore, parce que s'il ne m'avoit
» pas vendu, je n'aurois jamais connu peut être
» l'Amérique, l'Europe, la languë angloise, &
» ces braves & généreux Anglois qui m'ont
» délivré. «

Moore, facteur, témoin de tous ces faits &
qui se rappelloit ce discours, assura, dans le
rapport qu'il en fit au Gouverneur Anglois,
qu'il seroit rare de trouver un Européen qui
exprimât sa reconnoissance & sa générosité envers ses ennemis avec plus d'éloquence & de
grandeur d'ame. Ils arrivèrent le premier Sep-
tembre à Joar. Job y rencontra un Fouly de
sa connoissance, qui, tombant à ses pieds, pressa
ses genoux, & lui témoigna une grande joie de
revoir le fils de son Roi. Il le chargea d'aller
à Bunda annoncer son arrivée à sa femme, ses

enfans

enfans & à fon père , & de leur porter quelques préfens d'Europe.

Ayant rencontré fur fa route un de fes oncles qui vint au-devant de lui pour s'affurer fi le bruit qui fe répandoit de fon retour étoit certain, il répandit des larmes en l'embraffant, & lui témoigna beaucoup d'affection. Ce vieillard lui ayant dit en langue nègre : » Je ne m'atten-
» dois plus, ami Job , de te revoir jamais ; car
» depuis foixante ans, tu es le premier efclave
» que j'aie vu revenir des Ifles Américaines, &
» je penfois que tu y avois été mangé ou tué ,
» comme les autres Noirs qui y ont paffé avant
» toi. — Cela eft faux, lui répondit Job avec
» impatience : les Anglois font bien travailler
» leurs efclaves ; mais ils ne les tuent pas, &
» ils ne les mangent jamais. Ils font trop bons
» & trop généreux pour cela. Le maître à qui
» je fus vendu, m'a fait travailler comme tous
» les autres efclaves : mais s'étant apperçu que
» je maigriffois, & que les fatigues continuelles
» des champs épuifoient ma fanté , il m'en a
» exempté , & m'a confié le foin & la conduite

» de ſes beſtiaux ; puis d'autres braves Anglois
» m'ont fait venir en Angleterre, où ils m'ont
» tous bien reçu, fait beaucoup de préſens,
» payé ma rançon, & renvoyé à leurs frais
» dans ma patrie. «

Ce diſcours toucha vivement ſon oncle, & le
jeune Job ne ceſſoit jamais d'exprimer avec tout
le feu de la reconnoiſſance les procédés généreux qu'il avoit reçus chez les Anglois, en fai-
ſant revenir ſa nation des idées qu'elle avoit toujours conçues de l'eſclavage.

Ce fut en route qu'il fut inſtruit de la mort de
ſon père, qui, avant de finir ſa carrière, avoit
appris avec joie le retour de ſon fils. Quelques
jours avant, il reçut une lettre de ſes femmes
qui lui cauſa quelque douleur. On lui écri-
voit que la première femme qu'il avoit épouſée,
n'eſpérant jamais ſon retour, & n'ayant même
reçu aucunes nouvelles de lui, quoique pluſieurs
vaiſſeaux d'Amérique fuſſent venus ſouvent dans
leur contrée, s'étoit enfin remariée pendant ſon
abſence, le croyant mort & mangé : mais que
du moment qu'elle avoit appris ſon retour,

elle avoit congédié fon fecond mari, pour recevoir Job qu'elle n'avoit jamais ceffé d'aimer.

Le jeune Prince témoigna beaucoup de douleur de la mort de fon père; mais il protefta qu'il pardonnoit de bon cœur à fa femme de s'être remariée, & qu'il faifoit grace au fecond mari, parce qu'il ne trouvoit en lui aucun tort. En conféquence, il écrivit à fa femme de renvoyer ce nouveau mari, & de lui rendre exactement tout ce qu'elle en avoit reçu, tant qu'ils avoient vécu enfemble.

Job, avant de quitter le facteur Anglois qui l'accompagnoit, écrivit beaucoup de lettres pour l'Angleterre, adreffées à la Compagnie d'Afrique, au Duc de Montagu, & à tous fes libérateurs & amis. Les traductions qu'on en fit à Londres & en Amérique annoncent un cœur fenfible, vivement pénétré de la plus vive reconnoiffance.

Ce Prince arriva enfin à Bunda, où il fut reçu en Souverain, il dépofa cet air d'orgueil & de tyrannie qui exifte parmi les Souverains d'Afrique, pour prendre un ton de grandeur &

de bienfaifance qui le faifoit adorer. Depuis ce tems, il annonça beaucoup moins de févérité dans les jugemens qu'il rendoit parmi fes fujets; mais il déclara que l'efclavage feroit la peine qu'il infligeroit prefque toujours aux grands crimes qui troublent la fociété, & il répétoit fouvent cette plaifanterie : Cela les rendra plus honnêtes gens , quand ils auront vécu parmi les Anglois.

Ce Prince vraiment eftimable, d'un caractère doux , compatiffant & religieux, d'un courage étonnant dans le danger, doué de connoiffances affez vaftes pour un homme de fa nation, vécut encore long-tems parmi fes peuples qui le regardoient comme un dieu. Il les gouverna avec bonté, les affura fouvent que c'étoit aux Anglois qu'il devoit tout ce qu'il avoit appris; il mérita de fes propres fujets le titre fublime de *Job le bon Prince*, & fut confidéré avec raifon comme le Titus de l'Afrique.

L'hiftoire de ce jeune homme fuffira, je penfe, pour prouver que les Nègres font des hommes femblables à nous; que s'ils ont moins de con-

noiſſances, ils en poſsèdent d'autres que nous
ignorons, & qu'ils ſont diſpoſés & organiſés de
manière à acquérir toutes les nôtres, ſi on les y
élevoit journellement, & qu'ils reçuſſent la
même éducation que les Européens ; à juger
enfin par comparaiſon, le bas peuple des nations
d'Afrique avec le bas peuple des nations Européennes, on pourroit peut-être décider avec
impartialité que l'Africain a autant de raiſon,
d'aiſance & de connoiſſances que l'Européen,
& que ſon exiſtence douce & facile ſous un beau
ciel qui fertiliſe ſes terres avec peu de culture,
ſeroit préférable au ſort des pauvres cultivateurs ou habitans d'Europe, ſans ces guerres
déſaſtreuſes qu'ils apportent preſque tous les
ans dans notre patrie.

CHAPITRE XVII.

Témoignages des Auteurs Anglois contre l'esclavage.

QUOIQUE l'Anglois soit, de toutes les nations Européennes, celle qui a poussé le plus loin toutes les rigueurs de l'esclavage, on distingue parmi eux plusieurs grands hommes qui ont écrit en notre faveur, & annoncé les sentimens les plus justes & les plus généreux.

Georges Wallis, dans son Ouvrage intitulé : *Systême des Loix générales d'Écosse*, a publié de sages réflexions concernant la traite des Nègres. En voici un extrait.

» Si la justice morale & la raison humaine
» peuvent jamais parvenir à justifier ce com-
» merce, il n'est point de crimes, même les
» plus atroces, qui ne puissent également être
» justifiés. Tous les Gouvernemens de la terre
» ont été institués pour le bonheur des peuples,

» Mais les Rois , les Princes & leurs Gouver-
» neurs ne font pas les propriétaires de ceux
» qui fe font foumis à leur autorité ; s'ils ont
» le droit de les gouverner, ils n'ont pas celui
» de les rendre miférables ; au contraire , un
» tel pouvoir ne leur a été confié, qu'afin d'en
» faire un jufte emploi, dont les moyens fe
» réuniffent tous pour accroître leur félicité
» générale.

» Enfin , dans aucune époque de leur règne ,
» ils n'ont le droit de difpofer de leur liberté ,
» ni de les vendre pour être les efclaves d'une
» nation étrangère aux extrémités de la terre.
» Perfonne dans l'univers n'a le droit d'ac-
» quérir ni d'acheter fon femblable, l'homme
» & fa liberté ne pouvant jamais être à ven-
» dre. Celui qui s'en empare eft un lâche
» perfécuteur qui achete d'autrui un bien qui
» ne lui appartenoit pas. Un tel commerce fera
» toujours condamné par toutes les nations
» juftes & impartiales, & défendu par toutes
» les loix de la nature & de l'humanité.

» La raifon feule démontre avec évidence

» que ces êtres infortunés que vous prétendez
» être efclaves ont tous le droit d'acquérir leur
» liberté, toutes les fois qu'ils en auront l'oc-
» cafion; & comme c'eft par la violence ou la
» force qu'elle leur fut ravie, ils ont égale-
» ment le droit de faire ufage des mêmes
» moyens que vous, pour reprendre un bien
» que jamais ils n'ont voulu vendre.

» Le droit des nations a également adopté
» ces principes de liberté que tout homme
» porte fans ceffe avec lui. Eh ! que peut-on
» donner à l'homme, en retour de fon fang, de
» fa liberté, de fes affections, de fon tems, de
» fon gain & de fa vie même ? Il n'eft aucun prix
» fur la terre capable de payer tout cela,
» puifque le prix même qui en feroit donné à
» l'efclave appartiendroit auffi tôt au maître de
» cet efclave. Il faut bien que cette opinion
» ait paru généralement équitable, puifque
» dans tous les Gouvernemens d'Europe, du
» moment qu'un efclave met les pieds dans le
» continent, il eft réputé libre après un délai fixé
» par les loix. On fait que fon maître, perdant alors

» toute propriété fur lui, n'a plus le droit de
» le forcer à fe rembarquer pour retourner en
» Amérique, à moins qu'il n'y confente libre-
» ment. Voilà la loi de la nature qui eft écrite
» dans tous les tems, dans tous les lieux, &
» dans le cœur de tous les hommes de la
» terre. «

Quel eft l'Européen fincère qui, enlevé par
des Corfaires du fein de fon pays natal, ne fe
croiroit pas toujours en droit de recouvrer fa
liberté, & d'être déclaré libre? Croyez-vous
donc que ces malheureux Africains, qui ont
fubi le même fort, n'aient pas confervé le
même droit que vous ? Pourquoi donc fouffrir plus long-tems un cruel ufage qui révolte
avec raifon toutes les ames honnêtes & fenfibles, & ne pas profcrire un commerce barbare
qui eft auffi évidemment contraire à toutes les
loix de la raifon & de l'humanité, & à tous les
principes des Religions de la terre qui nous
ordonnent de faire du bien à tous les hommes ?

L'Auteur d'un Pamphlet intitulé : *Effai pour
la defenfe du Continent de l'Amérique & de fes*

Colonies (a), avance que la fervitude que nous avons impofée fur les Africains eft une tyrannie incompatible avec toute juftice & toute police civile; 1°. parce qu'elle tend à anéantir tous les progrès des arts & des fciences, fans le fecours defquels il eft impoffible qu'une nation foit heureufe, éclairée & puiffante : 2°. parce qu'elle corrompt le cœur & l'efprit de tous les hommes libres , en éteignant dans leurs ames tous les fentimens de la nature, de la vertu & de l'humanité: 3°. enfin , parce que ce trafic eft dangereux pour nous-mêmes, par les haines violentes & les commotions fouvent dangereufes d'un peuple opprimé toujours prêt à fe révolter. J'ajouterai encore, d'après l'aveu même des cœurs qui ne font pas encore endurcis à ce commerce cruel, que l'efclavage eft une ufurpation faite à l'humanité , un vol & une violation perfide de tous les droits de l'homme.

Il n'exifta jamais fur la terre de maxime plus

(a) *An Effay in Vindication of the Continental Colonies of America. Printed London.*

fauſſe que celle de dire : Je ſuis forcé par la néceſſité d'acheter des eſclaves pour cultiver mon habitation : car, 1°. il n'eſt pas prouvé qu'on ne puiſſe faire la même culture avec des bœufs ou des chevaux : 2°. à quel terme fixerez-vous les bornes de cette néceſſité prétendue ? Le ſcélérat le plus féroce ne peut-il pas, comme vous, excuſer tous ſes crimes, en affirmant que la ſeule néceſſité de boire & de manger l'a entraîné à voler & à commettre des homicides ?

Ainſi le fameux Milton blâma cette excuſe perfide avec énergie, lorſqu'il écrivit :

> .... *and with neceſſity,*
> *The Tyrant's Plea, excuſe his devlish Deed.*

(» C'eſt ainſi que les vrais Tyrans excuſent leurs » actions infernales, en diſant : La néceſſité m'y » força. «)

C'eſt un acte inhumain que de dépeupler l'Afrique, pour en faire périr les habitans dans un continent ou des îles mal ſaines, dans une culture violente qui les épuiſe, accablés de traitemens cruels qui les y font périr de douleur, de misère & de faim.

  » Eſt-ce à une nation chrétienne & à des
» peuples civiliſés, à encourager l'eſclavage,
» parce que des Sauvages ou des Barbareſques
» nous en ont donné l'exemple ? Cette penſée
» eſt affreuſe. Dans ce cas, il eſt donc permis
» auſſi de voler & d'égorger ſur toute la terre
» les voyageurs, parce qu'en Europe on trouve
» des voleurs & des aſſaſſins qui commettent
» de ſemblables crimes. «

Facteurs honnêtes & vertueux, ceſſez de nous faire éternellement des outrages & de nous avilir par des calomnies pour juſtifier toutes vos cruautés : non, même avec le ſecours de vos impoſtures, vous n'y réuſſirez jamais. L'Europe qui s'éclaire verra tous vos menſonges, & rougira de vos fureurs. Les Princes & les Magiſtrats qui vous gouvernent adouciront enfin nos tourmens ; & par des loix ſages & modérées feront chérir éternellement leur empire & leur bienfaiſance.

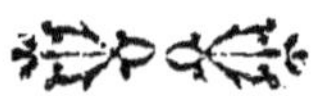

CHAPITRE XIX.

Suite du même sujet.

JAMES *Foster*, dans fes Difcours fur la Religion naturelle & la vertu fociale (*a*), témoigne également fa jufte indignation contre le trafic des Nègres. Voici fes paroles :

» En parcourant l'hiftoire des Grecs & des
» Romains , on ne voit nulle part qu'ils aient
» acquis des efclaves dans l'efpoir d'en faire un
» objet de vente ou de commerce. En fuppo-
» fant même qu'ils euffent pu le faire , je dou-
» terai toujours qu'ils euffent voulu enchaîner &
» acheter leurs femblables , pour les revendre
» à des étrangers , s'ils n'avoient pu·fe les pro-
» curer qu'en excitant ces peuples à fe faire la
» guerre entr'eux , & à répandre beaucoup de

______

(a) *Difcourfes an Natural Religion and focial Firtues* , page 156 , vol. 2.

» fang pour leur céder leurs prifonniers. Ils
» n'auroient pas renoncé à la dignité primitive
» de la nature humaine, pour en dépouiller
» des malheureux en exerçant fur eux des vio-
» lences & des cruautés qui leur auroient fait
» horreur, & en traitant leurs égaux avec plus
» de dureté que leurs bêtes ; n'aurions-nous pas
» fujet, s'ils euffent été dans ce cas, de mé-
» prifer & de condamner leurs beaux principes
» de morale, comme des rafinemens de tyrannie
» & de cruauté ? Les Nérons & les Caligula
» étoient moins barbares que nous, & il faut
» néceffairement en conclure que quoique les
» Romains ne poffédaffent pas, comme nous,
» une Religion auffi fainte, des loix de police
» auffi étendues, & ces connoiffances brillantes
» dont l'Europe moderne fe vante avec tant
» d'orgueil, ils furent cependant moins difpo-
» fés que nous à enfreindre les loix les plus
» facrées de la nature, de la vertu & de la
» bienfaifance.

» Ofons rentrer un inftant dans nous-mêmes ;
» nous qui déclarons profeffer le Chriftianifme,

» qui poſſédons l'avantage éminent de connoître
» tous nos devoirs par des préceptes immortels
» gravés dans nos ames par la volonté même d'un
» Dieu, nous qui jouiſſons de tout l'éclat & la
» certitude d'une lumière célefte & fpirituelle,
» pour diriger nos penſées, nos paroles & nos
» actions ; nous ſommes les premiers à fouler
» aux pieds de fi précieux avantages, & à ré-
» pandre par notre conduite, parmi ceux même
» que nous appellons Sauvages, l'opinion la
» plus déteſtable de notre doctrine & de nos
» mœurs. Nous prêchons la paix, la fraternité
» & la concorde dans nos diſcours ; tandis que
» nous ſemons la difcorde, les tourmens, la
» guerre, & que nous affoibliſſons & détruiſons
» de toutes nos forces ce doux lien de la nature
» qui attache l'homme à ſon ſemblable, puifque
» nous faiſons des actions qui ſont entiérement
» contraires à nos principes.

» Nous allons même jufqu'à convenir que
» nous regarderions comme les excès les plus
» violens de la tyrannie, fi quelqu'autre nation
» de la terre, qui différeroit de nous par ſa

» forme ou la couleur de fa peau, prenoit fur
» nous affez d'empire pour nous réduire à l'état
» d'une fervitude auffi rigoureufe que celle que
» nous impofons aux Africains ; mais nous con-
» tinuons cependant à leur faire éprouver tou-
» tes les horreurs de l'efclavage. Il en réfulte
» avec évidence que nous facrifions fans peine
» notre raifon, notre Religion, nos principes
» & tous les avantages de la plus faine philo-
» fophie, pour un gain fordide & abominable;
» que nous enfeignons aux autres nations à
» bien parler & à mal agir, en méprifant tous
» les devoirs de la vertu fociale, dès qu'on
» peut trouver le moindre profit à les en-
» freindre. Nous prenons le plus fûr moyen de
» mettre obftacle à la propagation du Chriftia-
» nifme en leur offrant dans ceux même qui le
» leur annoncent des exemples de l'hypocrifie
» la plus meurtriere; les modèles d'un pouvoir
» tyrannique, d'une oppreffion barbare & d'un
» fyftême dont les partifans font les ennemis les
» plus implacables de tout le genre humain. «

Vraifemblablement tout ce que je viens de

dire

dire fera d'un foible poids pour remédier aux douloureux effets d'un crime atroce qui fe répand chaque jour davantage ; mais au moins j'aurai la fatisfaction d'avoir publiquement protefté & porté mon témoignage contre cette affreufe pratique.

Si l'on veut confulter encore les Auteurs anciens de Rome, de la Grèce & des principaux États où l'efclavage fut établi, on verra que leurs principaux Ecrivains blâmèrent cette méthode cruelle d'enchaîner & d'avilir fon femblable. Ils ont généralement avancé que l'homme efclave & abruti par fon travail, n'eft plus tenté de fe reproduire, parce qu'un enfant n'eft pour lui qu'un nouvel être deftiné à accroître & à éprouver tous fes malheurs. Cette idée eft d'une vérité fi frappante, que quoique les Grecs, & notamment les Athéniens, fuffent très-indulgens envers leurs efclaves, ils n'avoient aucun goût pour le mariage & la population. Il fuffit pour s'en convaincre, de lire à ce fujet ce que *Plaute*, *Xénophon* & *Démofthènes* ont publié fur ce point.

Le favant *Hume*, dans fon excellent Effai fur

la Population des Anciens, nous montre combien l'inhumanité dont on ufe à notre égard dans toutes les Colonies, contribue à nous faire confidérer avec douleur tous les liens qui tendent à nous reproduire. Ne fommes-nous pas affez malheureux, fans chercher à multiplier encore des infortunés fur la terre ? & quand nous le defirerions, ne favons-nous pas que l'avidité de nos maîtres ne confentiroit qu'à regret à fe priver du travail de fes Négreffes durant les deux derniers mois de leur groffeffe où elles auroient befoin de repos. Contraintes malgré leur état à des travaux forcés, elles avortent prefque toujours, & portent rarement leur fruit à terme. Quels tendres liens pourroient nous attacher fur la terre, tant que nous y ferons defpotiquement gouvernés par des ames vénales qui fe font un plaifir cruel de détruire notre exiftence & l'efpèce entière de nos générations futures, par le feul efpoir d'un léger profit ? .

CHAPITRE XX.

Ordres de la Reine Elisabeth, de Louis XIII & de Louis XVI, pour adoucir l'esclavage.

Du sein de tant d'horreurs accablantes, l'ame attristée s'épanouit, & les cœurs sensibles s'attendrissent en jettant un doux regard sur les Souverains généreux & les Princesses bienfaisantes qui ont tenté d'adoucir les rigueurs de notre destinée.

Je n'ai jamais passé devant le superbe édifice de Saint-Paul à Londres, sans regarder avec une tendre vénération la statue de votre grande Reine Elisabeth. Voilà, me dis-je à moi-même, voilà l'image de la plus grande protectrice des malheureux Africains réduits à l'esclavage ; oui, mon cœur se rappelle toujours avec transport tout ce que cette Princesse bienfaisante a fait pour adoucir nos peines.

Ce fut fous fon règne que commença le commerce odieux de la traite des Nègres ; & ce fut par fon ordre (dit-on) que le Capitaine Hawkins fit un premier voyage fur les côtes d'Afrique en 1563.

A fon retour, il vint rendre compte à cette Souveraine de toutes fes obfervations, & fur-tout des moyens d'y acheter à vil prix fes femblables pour les revendre fort cher dans les Colonies. Le rapport de fon voyage étoit ac-compagné de tous les détails néceffaires pour en faire apprécier les avantages & en affurer les fuccès.

La Reine Elifabeth frémit d'horreur, en apprenant les moyens de violence qu'il avoit employés pour nous charger de fers & nous plonger dans toutes les mifères de l'efclavage. Cette généreufe Princeffe regardant comme une partie de fes fujets tous les Nègres infortunés qu'un deftin malheureux avoit traînés dans fes Colonies Américaines, ordonna expreffément au Capitaine Hawkins & aux Commandans des autres vaiffeaux qui iroient en Guinée , de n'embarquer jamais aucun Nègre d'Afrique, fans que chacun d'eux n'y confentît volontairement. Elifabeth, dans fon Ordonnance, s'annonçoit ainfi : 99 Toutes les violences & les 99 mauvais traitemens que vous emploieriez en- 99 vers ces efclaves, feroient des actions détef- 99 tables que je vous défends , parce qu'elles 99 attireroient fur vous la haine des hommes & 99 la jufte vengeance des cieux. 66

O Reine équitable, digne des plus grandes louanges qu'on puiffe donner à des êtres mortels ; oui, ce fut la Divinité même qui t'infpira ce généreux fentiment : mais tes ordres bienfaifans furent trop mal remplis. Le Capitaine Hawkins qui t'avoit promis exactement de les fuivre, fut le premier à les enfreindre. Il l'avoua lui-même dans l'Hiftoire de fes Voyages (a), en parlant de fa feconde traverfée en Afrique, lorfqu'il écrivit de fa propre main : 99 Alors 99 commença la pratique d'ufer de force, de 99 rufes, de guerres & de violences, pour

____

(a) *Hawkin's Hiftory* , fecond Voyage.

» plonger les Africains dans l'esclavage, non-
» seulement sur les côtes de la Guinée, mais
» encore jusques chez les peuples qui habitent
» dans l'intérieur du continent à plus de cent
» lieues de la mer, &c. «

Nous ne cesserons jamais de nous rappeller avec la même satisfaction le nom chéri de Louis XIII, dont l'ame douce & compatissante souffrit vivement, lorsqu'on lui rendit compte de tous les moyens violens dont on se servoit dans la Guinée pour nous rendre esclaves. Son cœur se refusoit à donner cette loi sanguinaire qui condamnoit tous les prisonniers de l'Afrique à être enchaînés & conduits dans les déserts de l'Amérique ; mais il se crut obligé d'y consentir par des motifs d'humanité & de religion ; & ses favoris imposteurs lui ayant fait envisager que c'étoit le meilleur moyen de les empêcher d'être dévorés par leurs ennemis, & de parvenir à les convertir au christianisme, il s'y rendit à regret. Ce fut souvent le sort des Rois d'être trompés par ceux qui les environnent.

Monarque foible, mal éclairé, si tu avois

obéi à la voix de ton cœur plutôt qu'aux pièges
de tes courtifans, tu aurois obéi aux loix di-
vines, & méprifé les rapports infidieux que
l'hypocrifie & la cupidité te rendirent pour
corrompre & dénaturer la jufte fenfibilité de
ton ame.

J'ignore quels font les fentimens des autres
Souverains ou des Princeffes de l'Europe à notre
égard; mais quand je vois un Louis XVI, dont
la tendre compaffion vient d'affranchir les fujets
de plufieurs provinces du fardeau des cor-
vées, reftes odieux de l'efclavage féodal.....
quand j'apprends qu'une Impératrice a affez de
courage pour déclarer au Clergé de fon Empire
qui vexoit fes autres fujets : *Malheur aux perfécuteurs;* quand j'entends enfin les premiers
génies de l'Angleterre faire retentir leurs voix
dans les Tribunaux, & s'occuper des moyens
d'adoucir notre cruelle exiftence..... je crois
au fond de mon cœur que tous les Souverains
& les riches habitans de l'Europe s'intéreffant
aux rigueurs de notre deftinée, daigneront les
modérer un jour, & mettre une fin prochaine

à un efclavage dont la férocité leur a été trop long-tems inconnue, quoiqu'elle y foit deftruc-tive de leurs vrais intérêts, & que de telles violences tendent à la perte même de leurs co-lonies.

Oui, Princes & Souverains, nous fommes tous vos fujets, & vos fujets les plus foumis, quoique les plus malheureux de toute la terre; nous fommes des êtres fenfibles & laborieux, qui, par nos travaux continuels, multiplions l'aifance de vos cultivateurs, le commerce de vos peuples, la richeffe de vos états, & la reffource de vos empires. C'eft nous feuls qui arrofons nuit & jour vos poffeffions Américaines de nos fueurs, de notre fang & de nos larmes, pour y recueillir la faim, la foif, les fouffrances & le défefpoir; mais c'eft nous auffi qui, comptant fur votre protection généreufe, ofons nous jetter à vos pieds, & vous fupplier d'a-doucir nos mifères affreufes. Ne nous refufez pas au moins d'ordonner à des Miniftres équi-tables de fe faire informer par des Européens honnêtes fi nos plaintes font juftes, & qu'un jour plus heureux laiſſant échapper ſur nous un rayon de votre bienfaiſance, diſſipe nos tourmens, & nous faſſe chérir la douceur & la félicité de votre empire.

O vous, Magiſtrats reſpectables, que la voix des citoyens a placés entre le Monarque & ſes Sujets, pour éclairer le Prince & protéger les Peuples, n'étouffez pas dans vos cœurs, nos droits trop long-tems mépriſés.... Si More-Lack a la témérité de vous en impoſer, puniſſez ſon audace : je me ſoumets d'avance à vos jugemens les plus rigoureux ; mais ſi ma plume ſinçère vous annonce la vérité, éclairez les cœurs de vos Rois ; diminuez le poids de nos travaux ; ordonnez à vos colons de nous traiter avec moins de rigueur, & de nous donner aſſez d'alimens pour réparer les pertes de la nature : laiſſez-nous entrevoir dans un avenir prochain la fin de nos tourmens. Après plus de deux cents ans de rigueurs cruelles, ſoyez juſtes & miſéricordieux envers nous, puiſque vous êtes les ſoutiens des malheureux & leurs vrais protecteurs ſur la terre.

CHAPITRE XXI.

Sociétés Chrétiennes ou Philanthropiques qui ont cherché les moyens d'adoucir & d'anéantir l'esclavage.

TOUTES les Sociétés Chrétiennes, même celles qui se sont quelquefois montrées intolérantes, n'ont pu s'empêcher de gémir en voyant notre douloureuse existence, & combien de meurtres & de suicides ont éclaté parmi nous par la politique de vos facteurs & la cruauté de nos maîtres.

Les non-Conformistes, les Presbytériens, les Indépendans, &c. &c. ont ouvertement témoigné leur tendre commisération à notre égard, & blâmé les actions détestables de nos persécuteurs. Rome même a fait faire dans tous les Empires, des quêtes & des missions pour la délivrance des esclaves François enlevés par les Algériens ou les Barbaresques, quoiqu'ils n'y souffrent pas la moitié des mauvais traitemens que nous éprouvons dans les colonies Améri-caines.

Mais de toutes les sociétés religieuses , celle qui s'est le plus distinguée par sa sensibilité , sa candeur & son humanité bienfaisante , c'est celle des Quakers ; exacte dans ses devoirs , ses actions, d'accord avec ses principes, ont tou-jours eu en horreur l'effusion du sang humain, & tous les moyens de guerre & de destruction qui, armant l'homme contre son semblable, les rend plus féroces que des tigres & des lions. Cette société paisible & respectable a blâmé toutes vos fureurs sanguinaires. On a beau la vexer par des amendes arbitraires, des insultes grossières, se saisir de leurs biens , &c. &c. leur ravir même leur liberté, pour les con-traindre à y prendre part , rien n'a pu les ébran-ler, & ils ont au contraire rendu le bien pour le mal; leur conduite douce & vraiment chré-tienne leur a gagné insensiblement l'estime & l'affection de tous les cœurs honnêtes ; & les a fait respecter par les Sauvages même de l'Amérique, comme des êtres privilégiés de l'Europe qui n'avoient pris aucune part aux fureurs fanguinaires des Efpagnols & des Chrétiens dans les conquêtes de l'Amérique. Les menaces, les tourmens & la mort même de plufieurs de leurs frères, qu'un fanatifme aveugle ou un defpotifme cruel ont fait périr en Angleterre ou en Penfilvanie, n'ont pu parvenir à leur faire changer de conduite.

Quelques-uns des membres de cette fociété ont cru long-tems pouvoir acheter des efclaves pour cultiver leurs habitations en Amérique: mais ils nous ont traité avec plus d'humanité; jamais nous ne leur reprocherons la cruauté des autres Européens, & notre exiftence auprès d'eux fut plus douce & plus fupportable.

Nous n'en defirions pas de plus fortunée que celle de vivre fous leur dépendance, lorfque leurs ames fenfibles à nos malheurs ont fenti que leur ame fe refufoit à les éternifer durant notre vie entière. Les moins fenfibles nous ont accordé la liberté après dix ans de fervitude; mais tous ont témoigné tant d'horreur & de trouble à re-

tenir efclave contre fa volonté un homme né
libre, qui jamais n'avoit confenti à s'engager ni
à fe vendre, que, d'un commun accord, ils
ont rendu la liberté à leurs efclaves, & n'ont
gardé auprès d'eux que ceux qui, d'un confentement volontaire, ont voulu continuer à travailler dans leurs habitations, moyennant un
traitement doux, une condition libre & un fort
qui pût fuffire à tous les befoins de la vie.

A ces traits généreux d'amour & de bienfaifance humaine, je reconnois les vrais Dif-
ciples de Jéfus-Chrift ; car leur première loi,
après l'hommage dû au Créateur, étoit d'aimer
généralement tous les hommes comme leurs
frères, de les fecourir dans leurs befoins, & de faire
du bien même à leurs ennemis.

Peuples Européens, leurs feuls exemples ren-
dront votre fouvenir toujours cher à nos cœurs ;
puifqu'il exifte parmi vous des ames belles &
généreufes, n'étouffez plus votre fenfibilité ;
rompez un jour nos fers, & vous ferez alors
les Chrétiens bienfaifans de la terre, puifque
vous aurez confervé la liberté, le bonheur

& l'exiſtence de plus de deux cents mille eſclaves qui ſortent tous les ans de l'Afrique pour périr en Amérique.

Il exiſte en Europe un grand nombre d'établiſſemens deſtinés à ſoulager les malheurs de l'humanité ſouffrante. Les malades, les vieillards, les aveugles ont des hôpitaux ouverts à leurs infirmités. Les pauvres, les inſenſés, les orphelins y trouvent des aſyles de charité contre les malheurs attachés à la nature humaine, tandis que nous, enchaînés & traînés aux extrémités de la terre, traités avec la dernière rigueur, victimes de mille maladies mortelles, nous ſommes oubliés de tout l'univers ; nos miſères ceſſent de faire la moindre impreſſion ſur vos ames, lorſque les plaiſirs de la capitale viennent vous diſtraire un inſtant, ou ſi vos cœurs en ſont par fois affectés, les influences de l'avarice, la voix prépondérante de nos colons impoſteurs en étouffe preſque auſſi-tôt toute la ſenſibilité (a).

____

(a) J'apprends depuis peu de jours qu'il vient de

Nous avons toujours été oubliés, lorſqu'il s'eſt agi d'adoucir nos misères; mais on s'en eſt toujours ſouvenu pour épuiſer ſur nous tous les moyens de rendre notre exiſtence plus cruelle; les loix mêmes faites en notre faveur portent l'empreinte d'une cruauté deſpotique; elles impoſent à une amende un Blanc qui, dans ſa fureur, aura tué volontairement un Noir, ou qui l'aura traité avec trop de violences. Mais où ſont, dans une habitation, les témoins qui dépoſeroient en notre faveur? Un Nègre n'oſeroit le faire contre

———————————————————————

s'établir dans Paris, dans Londres & dans pluſieurs autres villes de l'Angleterre, des Sociétés Philantropiques, dont l'unique objet eſt de chercher tous les moyens de procéder à l'abolition de la traite des Nègres & à l'anéantiſſement de leur eſclavage. Je fais des vœux ardens pour que leurs vues ſoient ſecondées & remplies par la généroſité de toutes les ames bienfaiſantes, & ſur-tout, pour qu'elles ſoient ſoutenues par cette heureuſe perſévérance qui, ne ſe rebutant pas des premiers obſtacles multipliés par la cupidité, peut ſeule parvenir à des ſuccès éclatans. Un ſi beau projet réaliſé ſeroit le triomphe de l'humanité Européenne.

son maître. Éloignés en pleine campagne de tous les êtres fenfibles, perfonne ne prend part à nos tourmens; & les Blancs fe foutiennent trop entr'eux pour rendre un témoignage qui pourroit nuire à leurs voifins, en les accufant d'une inhumanité dont ils feroient eux-mêmes coupables; &, par une fuite cruelle de notre fituation, tous les crimes des Blancs envers nous, plongés dans un éternel oubli, reftent donc toujours impunis. Mais lorfqu'un Nègre a le malheur de menacer un Blanc, fon corps eft déchiré à coups de verges jufqu'à ce que le fang coule de toutes parts; & fi, par un accident involontaire, un efclave, en fe défendant contre les violences de fon maître, avoit le malheur de le bleffer, il feroit brûlé tout vivant.

La moindre querelle parmi les Nègres eft fur le champ confidérée comme une rebellion, punie dés fupplices les plus violens, quelquefois même de la mort. Enfin, les plus fimples fautes d'attention dans les travaux, fouvent occafionnées par l'épuifement d'un corps exténué par l'excès des fatigues & le défaut des

alimens,

alimens , font punies à la Jamaïque par la diflo-
cation de nos membres, & dans d'autres Ifles
par des coups de fouet fi violens , que nos
chairs en font fouvent déchirées par lambeaux,
qu'on a foin de couper enfuite avec des cifeaux.

En un mot , il n'exifte point de loix en notre
faveur qui reçoivent leur exécution ; & tous les
ordres qui tendent à protéger notre vie , & à
mettre des bornes légitimes à la violence de nos
perfécuteurs , font auffi peu confidérés, que s'ils
n'euffent jamais exifté. Si un ou deux événemens
de ce genre parviennent par hafard à la con-
noiffance d'un Commandant dans le cours d'une
année , il févira peut-être contre un colon trop
inhumain ; mais à la faveur d'un tel exemple ,
il enfevelit dans un éternel oubli des milliers de
crimes qui , ne fortant pas du fein des habitations champêtres , faute de furveillans , ne parviennent jamais jufqu'à lui.

Lorfque la force d'une conftitution vigoureufe
nous offrant la trifte confolation de prolonger
nos peines , fait atteindre quelques-uns de nous
aux extrémités de la vieilleffe , nous ne recevons

<table>
<tr><td>I. Partie.</td><td>L</td></tr>
</table>

de nos maîtres aucuns des fecours néceffaires à
nos infortunes ; ils nous refufent jufqu'aux premiers befoins de la vie, & plufieurs d'entre
nous, réduits par la faim à chaffer les chiens
qui dévoroient un bœuf ou un cheval morts de
maladie, jettés en plein champ, fe font vus obligés
de difputer cette nourriture infipide & mortelle
contre les plus vils animaux ; de couper des morceaux d'une bête morte & quelquefois pourrie,
& pour nous empêcher de mourir de faim, de la
manger toute crue, toute fanglante, toute corrompue, & de paffer même la nuit couchés auprès
de notre proie, pour la conferver & pour empêcher que des bêtes fauvages ne nous en pri-
vent pendant la nuit (a).

A l'île de France, notre deftinée eft auffi
cruelle ; au point du jour, des coups de fouet
fur nos cafes font le fignal qui nous appelle au
travail ; tous s'y rendent avec leurs outils ; &

―――――――――――――――――――――――

(a) Voyez à ce fujet un excellent Voyage à l'Ifle de
France & au Cap de Bonne-Efpérance, &c. publiés par
un Officier du Roi, tome premier, page 193.

nuds comme des vers, nous travaillons vigoureufement fans relâche, dévorés par l'ardeur
d'un foleil brûlant. On nous donne pour toute
nourriture du maïs broyé cuit à l'eau, ou des
pains de manioc. Tout notre vêtement confifte
dans un morceau de toile ; & fi nous laiffons
appercevoir la moindre négligence dans notre
travail, on nous attache les pieds & les mains
fur une échelle ; & notre commandeur, armé
d'un fouet de pofte, nous donne fur le derrière
nud cinquante, cent, & quelquefois jufques à
deux cents coups, dont chacun nous enlève
une portion de chair ; & lorfque nous fommes
ainfi cruellement déchirés & enfanglantés, on
nous met au col un collier de fer à trois poin-
tes, & on nous ramène au travail pour y fervir
d'exemple aux autres efclaves. Mais ce qu'on
aura de la peine à croire, c'eft que nos femmes,
même pour des fautes auffi légères, font trai-
tées avec la même rigueur. Tout, jufques à l'efpoir d'un avenir plus doux, nous eft enlevè, &
nous n'avons devant nos yeux que la certitude
des tourmens fans fin, ou d'une mort plus prompte.

Quel contraste affreux d'une situation aussi déplorable en Amérique, avec la douceur de notre existence en Afrique! Oui, dans ces tems heureux où les vaisseaux Européens n'avoient pas encore abordé nos côtes, pour y porter le trouble & tous les fléaux de la cupidité, des guerres & de l'esclavage, la joie, la liberté & l'indépendance régnoient dans toutes nos ames. Nos champs fertiles, paisiblement cultivés, produisoient avec peu de travail des fruits, des plantes, des légumes délicieux & des moissons abondantes; le champ le plus médiocre suffisoit à nourrir une famille entière, & nos pâturages étoient couverts d'une immensité de bestiaux & d'autres animaux domestiques.

Européens, vous ne connoissez pas toute la félicité dont vous nous privez; non, jamais vous n'avez goûté la douceur de vivre libre, ignoré, indépendant de toute la terre. Vingt fois le jour dans ma patrie, j'étois paisiblement couché sous l'arbre qui me nourrissoit sans culture; j'y jouissois du repos de la vie, de cette heureuse paix que vous n'avez jamais connue dans vos colonies ; de-là je contemplois dans une douce indolence, deux ou trois morceaux de terre qui réunissoient cent productions différentes ; un ruisseau d'eau pure & limpide étanchoit mieux ma soif que vos liqueurs perfides qui ont calciné nos entrailles, enflammé notre sang, & allumé dans notre sein un embrasement qui nous dévore. Mille jouissances délicieuses s'y disputoient à l'envi le charme de dilater mon cœur, & d'y faire éclore tous les plaisirs de la nature la plus riante. Je n'avois alors d'autre crainte que l'arrivée de vos vaisseaux, & la frayeur d'être peut-être du nombre des victimes destinées à porter vos fers. Ce triste pressentiment n'eut pas le tems de se réaliser, parce que j'ai abandonné une patrie aussi dangereuse pour visiter l'Europe, & y fixer mon sort. Mais il est cruel à mon cœur d'être réduit à fuir les lieux qui m'ont donné la vie, parce que vous les fréquentez, & que vous ne cessez d'y apporter tous les ans l'effroi, la mort, la consternation & l'esclavage.

Heureuses îles étrangères ! C'est vous, ô

généreux François, qui avez les premiers
adouci les misères de vos esclaves dans la plupart de vos colonies. Vos loix plus favorables
ont protégé leur fort, & soulagé leurs infortunes ; vous avez même tenté de les instruire
dans ce culte sacré que toutes les créatures sensibles doivent au créateur, en nous inspirant la
plus vive reconnoissance pour les bienfaits du
Tout-puissant ; vous avez recueilli le prix de
votre humanité : nous avons partagé vos vœux
& vos prières. Nous avons été attendris, en
vous voyant suivre les principes de charité que
la Religion vous prescrit ; nos cœurs, en vous
voyant agir de la sorte, ont été convaincus que
vos principes religieux devoient être l'ouvrage
de la Divinité même, puisqu'ils vous avoient
inspiré tant de vertus.

Non-seulement vous nous avez permis de nous
reposer le Dimanche pour l'employer à des
exercices spirituels ; mais votre générosité nous
a accordé un jour de la semaine pour travailler
à notre profit ; &, par ce moyen facile, nous
avons paisiblement gagné de quoi suffire à tous

nos befoins. Quelques-uns de nous, plus laborieux fans doute, après douze ou quinze ans d'efclavage & de travaux heureux & affidus, font parvenus à ramaffer de quoi vous payer le prix de leur rançon, & jouir de cette liberté précieufe qui fait la félicité de tous les êtres fenfibles & raifonnables.

Généreux François, More-Lack vous rend ici la juftice que mérite votre bonté d'ame; vous avez furpaffé toutes les nations Européennes en vertu & en fenfibilité ; tant de bienfaifance a pénétré nos cœurs d'amour & de reconnoiffance pour nos maîtres, fouvent nous parlons de vous dans nos triftes cabanes, & nous formons des vœux pour que de fi beaux exemples foient plus généralement fuivis. Nous avons été plus loin; car nous penfons que la gloire d'accomplir l'ouvrage de notre délivrance vous eft réfervée, & que vous ne fouffrirez pas qu'une autre nation vous enlève le prix que vous avez mérité.

L iv

CHAPITRE XXII.

Accusations absurdes contre les Noirs.

COMBIEN d'imputations fausses & révoltantes la calomnie n'a-t-elle pas imaginé & accumulé sur nous, pour justifier l'injuste rigueur dont on nous accable ! Si on daigne les examiner un instant, on en sent aussi-tôt toute l'absurdité.

1°. On nous accuse *d'être une race d'hommes privée de talens, d'intelligence, de capacité & de raison.*

Comment nos maîtres peuvent-ils savoir si nous sommes privés d'intelligence, puisqu'ils l'étouffent parmi nous, en nous interdisant tous les moyens d'en faire usage (*a*) ? Ouvrez les

____

(*a*) La servitude étouffe le génie & l'esprit humain. Le Paysan, libre en Angleterre, a du caractère & de l'énergie : le Serf Polonois est stupide & pauvre ; mais livres des Voyageurs qui ont vifité nos contrées natales , ceux qui ont parcouru notre patrie ont vu le contraire ; puifque leurs ouvrages cités ci-deffus vous annoncent que nos terres y font bien cultivées , & que nos plaines reffemblent à de rians jardins ; que nos mœurs y font douces & affables , & que ceux qui ont étudié les fcien-ces y ont réuffi. Les arts mécaniques y font dans notre genre prefqu'auffi perfectionnés qu'en Europe ; la littérature & les belles-lettres y font cultivées avec fuccès. Lifez les lettres d'*Igna-tius Sancho*, les Œuvres de *Phillis Wheatly*, les Mémoires d'*André Brue*, &c. &c. &c. & l'on verra fi les doux fentimens de l'humanité & les charmes d'une imagination agréable n'ont pas fouvent diftingué notre plume. Enfin , puif-que nous avons parmi nous d'excellens Aftro-

---

les efclaves de l'Amérique font abrutis & miférables. L'infenfibilité dans le comble des misères humaines eft fans doute un fecours divin , & Homère a eu raifon de dire : *Quand Jupiter condamne un homme à l'efcla-vage, il lui ôte la moitié de fon efprit.*

nomes , qui probablement l'étoient avant vous (*a*), il eſt à préſumer , d'après cela, que nous avons de juſtes droits à la raiſon humaine & que nous poſſédons auſſi quelqu'intelligence , malgré tous les ſoins que vous multipliez barbarement , pour en étouffer juſques aux moindres traces.

2°. On prétend *que notre indolence naturelle ne peut être vaincue que par des traitemens rigoureux.*

Voici notre réponſe. Nous ſommes indolens dans notre pays natal, parce que la terre y exige peu de travaux, pour y produire avec abondance ; parce que nous avons peu de beſoins , qu'un climat chaud, d'une température toujours ſupportable , exige peu de vêtemens & par conséquent peu de ſoins pour tous les beſoins de la vie : & lorſqu'ils ſont ſatisfaits , nous goû-

____

(*a*) On croit avec raiſon que les Chaldéens & les Chinois poſſédoient l'Aſtronomie long-tems avant les Européens.

tons avec délices le repos. Mais nous chérissons le travail, lorsqu'il est moderé, & qu'il entretient l'agilité du corps & les forces de la nature, au lieu de les épuiser. Nous regarderions comme un malheur réel, si nous étions condamnés à ne jamais rien faire. Eh ! comment osez-vous vous plaindre de notre indolence ! Colons barbares !... puisque sur vingt-quatre heures que dure le jour & la nuit, vous exigez de nous au moins dix-huit heures de travaux forcés, & quelquefois vingt ; de sorte que nous n'avons souvent que quatre heures de nuit, durant lesquelles il nous faut moudre un peu de grain, le faire cuire, le manger, & prendre un repos de la plus courte durée, pour recommencer éternellement les mêmes fatigues ?...

3°. Vous assurez aux Européens, qu'*étant des prisonniers de guerre, l'esclavage est notre condition naturelle & inévitable.*

Il est vrai, nous sommes vos prisonniers : mais comment le sommes-nous ? C'est ce que vous ne leur dites jamais. Oui, c'est vous-

mêmes dont les vaiſſeaux viennent fomenter la
guerre dans nos climats ; ce ſont vos facteurs
qui , par leurs ſourdes intrigues chez nos Princes , viennent leur offrir des liqueurs violentes
& des marchandiſes , pour les engager à vous
livrer les peuples d'une ville entière qui auront
échappé à un maſſacre général ; ou , pour comble d'horreur , lorſque nos Princes ſont repouſ-
ſés par leurs ennemis , ils vous livrent leurs propres ſujets.

4°. Après nous avoir arrachés de notre patrie, pour nous faire éprouver les plus cruelles
violences, vous oſez encore affirmer que *vos
eſclaves ſont plus heureux dans les travaux de
vos habitations , qu'ils ne le furent jamais dans
leur patrie.*

Voyez tous les priſonniers de guerre de la
Guinée & des autres nations de la terre ; ſont-ils
jamais réduits à une condition déplorable comme
la nôtre ?... Sont-ils maltraités , tourmentés &
ſuppliciés comme nous ? Sont-ils réduits aux
miſères les plus affreuſes, juſques au dernier

foupir de leur vie? Ont-ils jamais éprouvé toute la tyrannie d'un maître inhumain qui fe plaît à répandre leurs fueurs, à faire couler leur fang, & leur faire defirer la mort?

5°. *Ils n'ont pas le droit de fe plaindre des caprices d'un maître qui les a achetés pour en difpofer à fon gré.*

Lorfque vous déchirez nos chairs par lambeaux, que vous nous faites rompre les bras & les jambes; que, fur les plus légers foupçons, vous nous condamnez aux fupplices les plus cruels, nous n'avons pas le droit de nous plaindre?...

5°. *Sans le fecours des Nègres efclaves, on ne pourroit jamais parvenir à produire le fucre, le riz, ni les autres commodités de la vie.*

Il eft faux que cette culture ne puiffe fe faire, fans y facrifier la liberté, le fang & la vie de deux cents mille malheureux tous les ans; il eft également faux que des ouvriers libres & volontaires ne puffent pas fuivre les mêmes travaux.

Mais en fuppofant, contre l’évidence même de la vérité , qu’il vous fallût encore des efclaves pour cultiver le fucre & le café , eft-il donc néceffaire qu’ils foient efclaves toute leur vie pour cultiver vos plantations ?...

Les mines qui jadis étoient le travail des efclaves & des criminels, par de juftes encouragemens , font à préfent exploitées avec plus de fuccès & de bénéfices par des hommes libres qui reçoivent chaque jour leur falaire. Voyez fi, dans les climats où la fervitude eft volontaire , le riz , le fucre & les autres productions n’y ont pas auffi parfaitement réuffi que dans ces îles malheureufes où l’homme abruti eft au-deffous même des plus vils animaux. Voyez enfin fi l’Europe entière, qui regorge de fleuves , de lacs, de rivières & de montagnes , n’eft pas couverte des productions les plus abondantes, quoiqu’elle ne foit cultivée que par des charrues attelées de bœufs ou de chevaux ?

Peut-être en coûteroit il un peu plus pour produire le café & le fucre, s’il falloit employer à leur culture des hommes libres ou des chevaux, &c. Mais quelle comparaifon y a-t-il à faire entre le prix de ces denrées & les crimes abominables que vous commettez en Guinée, ou les misères affreufes auxquelles vous nous facrifiez pour boire du café à un prix un peu plus modéré ?

Au pis aller, le fucre feroit plus cher ; vos bénéfices feroient moindres, & ce ne feroit pas un grand mal pour vous. Au contraire, cela vous forceroit à une adminiftration plus fage & plus économique, & vous engageroit probablement à ne pas confumer dans une prodigalité révoltante des productions de pure fenfualité qui ont occafionné tant de meurtres & tant de fang répandu pour vous.

Oui, malgré vos vaines déclamations, le fentiment intérieur de mon ame m'a toujours fait penfer qu'il y auroit moins de mal pour l'Europe entière de fe paffer de vos productions perfides, que de faire périr tous les ans quatre cents mille Noirs égorgés en Afrique, & deux cents mille foumis en Amérique à des cruautés fans exemple ; & tout cela, pour boire uni-

quement du café & du fucre. Si , pour mettre
fin à tant de crimes , on offroit à l'Europe
l'alternative de renoncer au café , ou de continuer tant de forfaits en Afrique & en Amérique , je doute qu'il exifte un Européen impartial qui n'y renonçât pas fur le champ.

Mais puifqu'on peut s'en procurer les jouif-
fances fans remords , il n'eft pas néceffaire d'y
renoncer. Si vous mettiez un terme à notre
efclavage , ou que vous nous laiffaffiez de juftes
moyens de nous racheter après dix ans de travaux , vous feriez mieux fervis , plus révérés ,
plus chéris , & vous cefferiez au moins de mériter les titres des plus cruels perfécuteurs du
genre humain.

7°. Vous prétendez qu'il faut ufer envers les
Nègres d'une fubordination très-févère , pour
éviter les troubles & les révoltes qui pourroient s'élever parmi eux ; & qu'étant plus
nombreux que les Blancs , on rifqueroit à tout
moment d'être leurs victimes.

Oui , colons barbares , c'eft à quoi vous devez
tous

tous les jours vous attendre.... Angleterre!, que tes malheurs te servent au moins de leçon; ta seule tyrannie t'a déja fait perdre la moitié de tes possessions en Amérique; la cruauté des colons de tes îles doit tôt ou tard leur faire subir la même révolution; &, pour peu qu'ils tardent encore à adopter la douceur des colons François, une telle révolution ne sera pas éloignée.

CHAPITRE XXIII.

Réclamations des hommes Noirs , appellés injuſtement eſclaves.

Tous les Voyageurs Anglois, & ceux même de vos Obſervateurs qui ont le mieux examiné la culture des colonies à ſucre, ont écrit & déclaré que la ſeule quantité de Noirs qui exiſtent en Amérique , étoit ſuffiſante pour y donner aſſez d'hommes libres & de cultivateurs volontaires pour l'exploitation totale des colonies ; & tous ont penſé, d'un ſentiment unanime, que ſi l'on favoriſoit leur population, en rendant leur ſort ſupportable, au lieu d'anéantir notre eſpèce, on parviendroit à la multiplier à l'infini.

Un Auteur célèbre, & généralement connu *(a)* dans ſes profondes recherches ſur la population

____

(a) *Eſſay on the Population of Ancients Nations, by Hume.*

des Anciens, nous a dit que ›› les reſtes d'eſ-
›› clavage qui exiſtent encore en Amérique ſont
›› peu propres à exciter le deſir de le rendre
›› plus univerſel. La dureté & l'inhumanité des
›› perſonnes accoutumées dès leur enfance à
›› commander à ſes eſclaves avec un empire
›› ſans bornes, & à fouler aux pieds leur ſem-
›› blable, ont ſuffi pour avoir en horreur une
›› autorité ſi injuſte; un ſerf avili par un travail
›› forcé, n'a plus de goût pour la vie : il ne
›› voit plus dans ſon maître qu'un tyran barbare
›› qui ſuce tout le ſang de ſes veines, & lui
›› refuſe ſon néceſſaire. Enfin, les travaux ri-
›› goureux de l'eſclavage ſont généralement contraires au bonheur & à la population de l'eſ-
›› pèce humaine; on y ſuppléeroit avec avan-
›› tage, en introduiſant l'uſage des ſerviteurs à
›› gages. ‹‹

La première grace que nos cœurs ſollicitent
au nom de l'humanité trop long-tems outragée,
c'eſt l'entière abolition de la traite des Nègres
mâles, en défendant déſormais, ſous des peines
ſévères, toute eſpèce d'importation des eſclaves.

M ij

d'Afrique dans vos poſſeſſions Angloiſes, excepté ceux de nos compatriotes qui, dans l'eſpoir d'une récompenſe, ou de rejoindre ſes proches parens, conſentiroit à venir cultiver l'Amérique, non pas à titre d'eſclave, mais comme cultivateur libre & volontaire.

La ſeconde grace après laquelle nous ſoupirons depuis ſi long-tems, c'eſt qu'il ſoit ordonné que la ſeule traite des Négreſſes ſoit permiſe, & qu'on y encourage les facteurs par des récompenſes ſuffiſantes pour les déterminer à nous amener dans vos colonies aſſez de femmes pour y remplacer, par une population ſaine & permanente, les pertes inévitables que nous éprouvons tous les ans par la mortalité.

La troiſième que nous ſollicitons, c'eſt de nous affranchir après dix ans de travaux & d'eſclavage. N'eſt-il pas juſte qu'un malheureux Nègre, après avoir doublé par ſon travail le prix qu'il a coûté à ſon maître, reçoive en récompenſe le don de ſa liberté ?

Puiſque vous avez adopté un genre de ſervitude & d'oppreſſion vingt fois plus rigoureuſe que celle des Grecs & des Romains, adoptez donc auffi les loix de bienfaifance & de modération qui adouciffoient les fouffrances de la fervitude qu'ils impofoient, en autorifant, comme eux, le *péculium*, *l'émancipation* & *l'affranchiffement*.

Partagez le terrein de vos habitations en dix portions égales, & vos Nègres en dix troupes de travailleurs : donnez un canton fixe à cultiver à chacune ; & l'efclave de chaque troupe qui aura fait le plus de travail, & fe fera le mieux diftingué par fon activité & fon exactitude, recevra fa liberté après la récolte, & fera payé de tout le travail qu'il continuera d'y faire, comme journalier affranchi ; jufqu'à ce qu'il ait gagné de quoi fe meubler une cafe, s'acheter des outils, & fe marier : &c.

L'objet le plus important de notre affranchiffement, feroit de l'établir par des loix juftes, claires & invariables, qu'aucun propriétaire ne pût jamais éluder. Dès lors un Nègre devenu libre, gagnant par fon travail le double de fa dépenfe journalière, fe marieroit volontiers ; & l'on verroit éclore des familles nombreuſes, dont les plus pauvres, toujours obligées de travailler aux terres, fourniroient aux colons plus de travailleurs qu'ils n'en auroient beſoin ; & notre eſpèce s'y multiplieroit ſans peine, ſans être obligés d'aller nous maſſacrer & nous enchaîner en Afrique. La paix, le bonheur & la liberté mettroient fin pour toujours aux crimes inſéparables de la traite des Nègres.

Rois, Princes & Magiſtrats de la terre, qui protégez les infortunés, & ſecourez tous les jours l'innocence opprimée, daignez jetter ſur nous des yeux de compaſſion, & ne refuſez pas votre oreille & votre ſenſibilité aux cris de tant de malheureux, qui, n'ayant d'autre eſpoir qu'en vous, réclament votre juſtice & votre bienfaiſance. Puiſque vous êtes conſidérés comme les Dieux de la terre, ſoyez les protecteurs de dix millions de miſérables ſujets trop cruellemen' perſécutés : laiſſez vos ames s'attendrir ſur ce tableau fidèle de nos miſères, & regardez avec une juſte indignation les Courtiſans impoſteurs qui tenteront de les excuſer.

Après plus de deux cents ans de cruautés atroces faites à l'humanité gémissante, que votre générofité éléve fa voix contre la tyrannie, & oppofe un frein redoutable à nos perfécuteurs !

La raifon, l'humanité & la Religion réclament votre puiffance pour la confervation de notre exiftence & la fin de nos tourmens : nos voix expirantes vous conjurent de ne pas fouffrir qu'un fyftême d'oppreffion & de barbarie fe perpétuant fous vos loix jufques dans les fiècles à venir, terniffe la fageffe de votre Adminiftration, & laiffe à vos fucceffeurs la douce félicité d'avoir répandu l'efpoir, la confolation & l'allégreffe dans des cœurs accablés de détreffe & de défefpoir !

Si les motifs de notre efclavage font injuftes & odieux dans leur principe, l'antiquité ne fauroit donner une fanction légitime aux forfaits qu'elle entraîne, elle ne pourroit juftifier fes cruautés, encore moins vous donner un titre pour en perpétuer les horreurs.

Et puifqu'il eft contraire à l'équité d'aban-

M iv

donner le fort, le traitement & la vie de plufieurs millions de fujets utiles & laborieux, aux
fureurs & aux traitemens fanguinaires d'une
poignée de colons cruels, dont l'intérêt réel
eft d'abréger nos jours pour accroître rapidement leur fortune & leurs prodigalités, nous
implorons la pitié de nos Rois & la protection
des Magiftrats qui les environnent, pour établir des loix plus favorables à notre exiftence,
afin de foulager nos mifères affreufes, de mettre
un terme à notre fupplice & une fin à nos douleurs.

Fin de la première Partie.

LE
MORE-LACK.
POPULATION DES COLONIES.

SECONDE PARTIE.

CHAPITRE PREMIER.

Origine de l'Efclavage parmi les Anciens.

L'OBJECTION la plus forte qui nous ait été
faite pour juftifier l'efclavage, c'eft que dès
l'antiquité la plus reculée, il fut connu dans
plufieurs Empires, & que fon ufage a été conti-
nué & favorifé des Nations même les plus éclairées ; jadis chez les Juifs durant leur Théocra-

tie, & depuis eux, chez les Grecs & les Romains, dans les tems les plus floriffans de leur
exiftence.

C'eft une vérité cruelle qu'il faut avouer à
regret ; mais il faut également convenir que,
chez aucun peuple de la terre, la fervitude ne
fut adminiftrée avec autant de rigueur & de
cruautés que dans nos Colonies Américaines.
Pour l'apprécier avec plus de jufteffe, exami-
nons-en l'origine & la différence.

L'efclavage parmi les Anciens eut trois caufes
générales.

1°. *Les prifonniers de guerre que les Juifs
condamnoient à la captivité, & que les Généraux
Grecs ou Romains menoient en triomphe enchaînés
à leur fuite, lorfqu'ils revenoient de leurs expéditions militaires.* Le droit que nous avons fur
des ennemis vaincus nous permet fans doute de
les mettre hors d'état de nous faire aucun
dommage ; mais il ne nous autorifa jamais fans
injuftice à les accabler de traitemens durs, &
à les faire périr par les violences les plus
cruelles.

2°. *Les débiteurs insolvables qui ne pouvoient payer leurs dettes, étoient obligés de se vendre eux-mêmes à leurs créanciers.* L'injustice de ce genre d'esclavage est frappante : car l'esclave n'ayant plus aucune propriété à lui, du moment qu'il s'est vendu, il est évident que son maître possède aussi le prix qu'il lui a donné pour l'acquérir en qualité d'esclave.

3°. Enfin, *les enfans d'un débiteur insolvable ou d'un prisonnier de guerre étoient également réputés esclaves, de même que tous ceux qui avoient reçu leur naissance dans le sein de la servitude.* Comment la raison pourra-t-elle jamais justifier le vol fait de la liberté d'une créature innocente, qui, n'ayant pas encore existé, n'a pu contracter aucune dette, ni faire jamais le moindre mal aux ennemis de son père, ni à sa patrie ?....

Mais en supposant même que les Grecs & les Romains eussent des droits fondés sur la liberté de leurs débiteurs ou de leurs prisonniers de guerre, il est au moins certain qu'ils les traitoient avec plus de douceur & d'humanité que nous. L'esclavage reçut des bornes parmi eux ; les Juifs même qu'on a cités avec raison comme le peuple le plus avare & le plus cruel de la terre.... ces *Juifs, dont les loix encore imparfaites leur permettoient beaucoup de chofes, à caufe de la dureté de leur cœur* (a), avoient limité l'efclavage à des termes fixés. Ils étoient plus ou moins longs, fuivant l'accord & le libre confentement de ceux qui étoient obligés de fe vendre. Ceux mêmes qui, par de triftes événemens, y étoient condamnés pour la vie, étoient traités avec un foin tout particulier, & ce ne fut jamais que contre les Payens & les Idolâtres que les Juifs déployèrent, par l'ordre de Moyfe, ces fureurs fanguinaires qui, dans des fiècles plus éclairés, fe font malheureufement renouvellées dans plufieurs Empires avec la même cruauté. Mais parce que les Juifs ont réduit en efclavage les adorateurs des faux Dieux, mis leurs habitations en cendres, renverfé leurs temples, & paffé au fil de l'épée

____

(a) Ezéchiel, XX ; Lévitiq. XXV.

leurs vieillards, leurs femmes & leurs enfans, &c. . . . les fureurs d'un peuple endurci doivent-elles fervir d'exemples & d'autorité à des Chrétiens, qui pofsèdent le divin précepte de leur Rédempteur : *Aimez vos ennemis, & faites-leur au bien ?*

Les efclaves Romains furent traités avec plus d'humanité encore. L'Hiftoire nous apprend qu'ils pouvoient pofféder beaucoup de chofes en toute propriété, & en difpofer à leur gré, fans l'aveu de leurs maîtres. La loi même les protégeoit, & accordoit des récompenfes fixes à leur conduite, & des prix à leur activité ou à leurs travaux.

Ces récompenfes devenoient pour eux un bien qui leur étoit propre, & fur lequel leur maître n'avoit aucun droit ; & ce gain étoit ap-pellé *peculium.* Peuples Anglois, &c. en adoptant les loix rigoureufes des Romains, vous avez aggravé fur vos efclaves toute la fureur des fiècles barbares, jufqu'à refufer l'oreille à leurs plaintes, à ne leur laiffer rien en toute propriété, en les privant même d'une partie des alimens les plus néceffaires à leur fubfiftance; & pour combler le joug de leurs mifères, ils n'ont jamais eu de protecteurs contre la cruauté de vos habitans.

Peuples Européens, confidérez donc de fang-froid quelle eft la fource de votre efclavage actuel, & par quels moyens odieux vous parvenez à arracher de leur patrie les malheureux qui vous enrichiffent par le facrifice éternel de leur liberté, de leur fang & de leur vie ; non jamais il n'exifta de barbarie égale à la vôtre, & quiconque l'a vue & confidérée avec attention, peut feul fentir toute l'horreur que la férocité de vos facteurs infpire.

CHAPITRE II.

Insuffisance du Code Noir.

Il existe une loi générale faite en faveur des Nègres, qui ordonne à tous les colons de ne pas les faire travailler le Dimanche; de ne leur donner que trente coups de fouet à chaque punition.... leur distribuer de la viande toutes les semaines, du linge ou des vêtemens tous les ans, &c. &c. Mais cette loi appellée le Code Noir, a toujours été éludée, parce que personne ne veille à son exécution ; que chaque propriétaire, dans son habitation, est un despote absolu qui ne doit jamais compte de ses actions à personne.

Si malheureusement un Noir osoit se plaindre de son maître ou de son conducteur, sa punition future seroit plus cruelle encore : il dépériroit bientôt sous leurs mains.

Un colon pouvant impunément, malgré le

Gode Noir, leur ravir la moitié de leur nourriture, les épuiſer à force de travaux ; leur déchirer le corps à grands coups de fouet, les
accabler de traitemens barbares, les condamner
lui-même à tel ſupplice qu'il lui plaît, avant
qu'aucun des habitans voiſins en ait ſeulement eu
connoiſſance. Où ſont les témoins qui dépoſeroient en leur faveur ? A qui ces malheureux
oſeroient-ils ſe plaindre ? aux Juges établis ? ce
ſont leurs premiers tyrans.

Toute l'Europe apprend avec indignation le
maſſacre des Mexicains qui fut de courte durée,
& nous jettons à peine un regard de compaſſion
ſur les meurtres continuels des malheureux
Nègres que nous faiſons égorger tous les ans
pour nous procurer du café & du ſucre : ces
meurtres continuent depuis deux cents trente
ans, ils exiſtent encore aujourd'hui ; on n'a rien
fait encore pour y mettre fin, & nous les apprenons tous les jours avec indifférence. L'habi-
tude d'entendre parler ſans ceſſe des plus grands
crimes, nous rend inſenſibles à nos forfaits. Mais
ſi nous apprenons en Afrique qu'un peuple va

immoler

immoler un enfant à fes Dieux, nous les appellons auffi-tôt des monftres & des barbares !

Européens impartiaux, examinez avec équité
les crimes des Mores à notre égard : calculez,
s'il fe peut, tous ceux que vous avez commis
dans leurs contrées, & jugez enfuite quels font
les peuples les plus barbares ou des Africains
ou de vous !

CHAPITRE III.

Fauffes excufes des Traitans.

JE ne répéterai pas ici toutes les manœuvres infidieufes & les moyens odieux que les facteurs Européens mettent en ufage pour fe procurer des efclaves fur les côtes d'Afrique ; ils ont été dévoilés dans la première partie de cet Ouvrage. Je me bornerai donc à examiner le jufte poids des raifons que les Traitans allèguent pour fe juftifier eux-mêmes.

Ils prétendent *qu'ils achètent de préférence les criminels condamnés à mort.* Il eft, je crois, permis d'en douter : la juftice des Nègres eft fi prompte, & leurs exécutions fi-tôt terminées, qu'on n'a fouvent pas le tems de les acheter. Mais en fuppofant qu'ils puffent parvenir à fe les procurer, leur nombre feroit fi petit, qu'il ne fourniroit certainement pas la centième partie des Noirs qui fe tranfportent aux Ifles tous les ans.

Vos facteurs difent encore qu’ils *n’achètent parmi les nations de l’Afrique, que les prifonniers qu’ils ont fait à la guerre.* Cela eft rigoureufement vrai. Mais comment fe les procurent-ils ? Quand on voit les Capitaines Négriers, dans les climats où règne la paix, aller eux-mêmes y porter tous les fléaux de la guerre, exciter des Princes qui vivent en paix à fe battre, & faire maffacrer des milliers d’hommes pour fe procurer trois ou quatre cents prifonniers, &c. &c. &c. Vos Traitans ne font-ils pas feuls coupables de tous les meurtres & de tout le fang qu’ils ont fait répandre ? & n’eft-ce pas à jufte titre qu’on les appelle les plus cruels perfécuteurs des Africains ?

Comment ofer dire qu’ils n’achètent que des prifonniers de guerre, quand on les voit encourager les Nègres de la côte, à parcourir l’intérieur du continent, pour voler des enfans dans les campagnes ifolées, & les amener la nuit dans vos vaiffeaux ! La plume fe laffe de répéter de telles horreurs.

Ils prétendent encore que la nécessité les oblige à faire un tel commerce, parce que les Nègres ne se multiplient pas assez dans les colonies, pour y remplacer la perte de ceux qui y meurent : ils ne peuvent, disent-ils, exploiter les habitations, qu'à l'aide des secours de la traite d'Afrique, &c.

Je conviens que des esclaves aussi malheureux, qui ne connoissent leur existence que par la douleur de se voir dépérir chaque jour par les excès d'un travail pénible, qui se prolonge tard, & qui recommence dès le point du jour : que des infortunés, dont les sentimens sont émoussés & les desirs éteints par l'anéantissement continuel de leurs forces, doivent regarder la vie comme un fardeau, & le don de l'existence comme un présent funeste. Dès-lors ils redoutent de mettre au jour des êtres aussi misérables qu'eux, & n'ont aucun encouragement qui puisse les exciter à rechercher le mariage.

Jettons un instant les yeux dans les climats heureux où ils sont libres. Le Congo, la Guinée, & toutes les côtes esclaves, sont un peu

défertes, parce que la guerre, la perfécution &
la traite les ont progreffivement dévaftées : mais
fi l'on pénètre à cent lieues dans le continent,
on rencontre par-tout une population immenfe
& une fécondité furprenante parmi les Négreffes ; étant très-ordinaire d'y voir une feule
femme avoir plus de vingt enfans exiftans. Si
on parcourt les habitations Américaines, où
une douce adminiftration a eu foin de favorifer
leurs mariages , on y voit courir avec joie des
troupeaux d'enfans Négrillons, fruits heureux
d'une économie fage & bien entendue.

Ce font donc uniquement les rigueurs de
l'efclavage & les travaux violens qui nuifent à
la population des Nègres ; adouciffons leur fort
& bientôt attachés à la vie, ils fe livreront au
plus doux fentiment de la nature humaine , &
ne craindront plus de fe reproduire.

CHAPITRE IV.

Caufes de la dépopulation & de la mortalité des Nègres.

L'AVIDITÉ des Européens qui excitent par des préfens les Princes Nègres à faire égorger leurs fujets & leurs ennemis; les maffacres de leurs pères; le glaive d'un defpote inhumain, qui, pour fe procurer quelques meubles d'Europe, féparent pour toujours des femmes de leurs époux, & des enfans de leurs mères; le changement fubit d'une contrée faine avec des climats dangereux, les douloureux regrets d'avoir quitté pour jamais des cantons fertiles où ils jouiffoient avec peu de peines de tous les befoins de la vie; le dépit cruel de fe voir enchaînés dans des Ifles mal faines, où ils ne trouvent que la moitié de leur fubfiftance, achetée par des travaux inouis & des traitemens rigoureux, &c. &c. &c. font les caufes principales qui les exténuent par degrés, détruifent leur force, épuifent leur tempérament, & les rendent victimes de mille maladies mortelles.

Leur conftitution, une fois altérée, fe rétablit rarement : on ne s'occupe point de leur donner les fecours néceffaires, & ils font contraints à ne pas difcontinuer des travaux violens ; le défaut de repos & d'alimens reftaurans, en fait périr le plus grand nombre ; faute de femmes, ils ne laiffent prefque jamais de poftérité. Auffi ce peuple infortuné chérit fi peu fon exiftence, qu'il regarde le tombeau comme un doux afyle, & la mort comme la fin de tous fes tourmens.

Loin d'exagérer la douloureufe dépopulation des Noirs & les caufes qui y contribuent, je prouverai tout ce que j'avance par les propres écrits d'un cultivateur Américain, qui, dans fes Ouvrages, s'eft annoncé le plus grand partifan de l'efclavage. Voici fes paroles :

» La diminution des efclaves eft fi confidé-
» rable, que leur remplacement peut à peine
» s'opérer par l'importation qu'on en fait. Leur
» nombre diminue tous les ans dans la plupart des

N iv

» habitations ; & *l'on en trouve la raifon dans*
» *les travaux exceffifs & les traitemens rigou-*
» *reux dont on veut qu'ils foient accablés. . . .*
» Mais le travail eft la fuite inféparable de
» l'efclavage. . . . . L'objet principal de ceux
» qui les achètent, n'eft pas d'en faire multiplier
» l'efpèce ; mais uniquement de tirer le plus
» grand parti de leur travail ; &, s'ils ne fai-
» foient pas tous les jours une certaine quan-
» tité d'ouvrages, on pourroit prédire la ruine
» de leurs maîtres (*a*). «

Le fincère aveu de ce cultivateur prouve avec
évidence, que la population de fes Nègres ne
l'a jamais intéreffé, & qu'il n'exige d'eux que
beaucoup de travaux pour faire rapidement fortune, fans s'embarraffer des foins de leur exiftence, ni de leur confervation.

Il va plus loin encore ; & il avoue de bonne
foi qu'il a toujours confidéré comme jufte cette
économie meurtrière qui facrifie les trois quarts

____

(*a*) Obfervations d'un Cultivateur Américain , page
80.

de la vie d'un Nègre, pour en retirer le double
de travail. Voici comment il s'énonce lui-
même :

　　» La condition des Nègres les expofant né-
» ceffairement à des maux qui entraînent leur
» dépopulation, nous devons être peu furpris
» de voir que leur nombre diminue dans les
» colonies.... Et où ne voit-on pas de ces
» miférables individus, que les loix font obli-
» gées d'*exterminer*, faute de pouvoir les ren-
» dre meilleurs !.... «

Exterminer !.... & c'eft un Chrétien, un
homme qui parle, & qui juge équitable d'exterminer fon femblable.... Eh ! pourquoi ? pour
gagner de l'argent.... *exterminer !....* ce feul
mot infpire de l'horreur & de l'indignation
à toutes les ames fenfibles. Au refte, j'ai peut-
être tort ; ma comparaifon n'eft pas jufte : car
je m'apperçois qu'il ne confidère certainement
pas ces pauvres Nègres comme des créatures
humaines ; mais comme des *miférables individus*,
que les loix doivent néceffairement exterminer.

　　Quoique mon fuffrage à cet égard foit d'un

foible poids, je penferois, au contraire, que les
loix, bien loin de les exterminer, doivent les
protéger, favorifer leurs mariages, & encourager leur population, pour l'avantage des colonies : c'eft-là le vrai moyen d'anéantir par
degrés toutes les horreurs de la traite ou de
l'efclavage, & d'en conferver toujours les avantages les plus importans, fans perpétuer nos
forfaits.

Le même colon nous dit plus bas (a) :

>> *Je conviens que la diminution des Nègres*
>> eft caufée par l'excès du travail & des mau-
>> vais traitemens. L'abolition de la traite fera-
>> t-elle qu'on en exigera moins de travaux, ou
>> qu'on les punira avec moins de févérité ! Au
>> contraire, s'ils travailloient moins, les reve-
>> nus du colon feroient diminués, & il faudroit
>> être fou, pour fuppofer qu'il confentît jamais
>> à voir fon ouvrage en fouffrance, & fes re-
>> venus altérés uniquement pour élever un plus
>> grand nombre d'efclaves. <<

____

(a) Page 34.

Cette cruelle vérité a été si souvent prouvée avec évidence, qu’on ne sauroit plus en douter. Mais je suis convaincu que s’il y avoit affez de femmes dans les colonies pour y maintenir la population, ils en retireroient, au bout de quinze ans, un profit bien plus confidérable.

L’exemple du Docteur Mapp, qui favorifa conftamment les mariages parmi fes Noirs (*a*), & les traita avec plus de douceur, eft une preuve de ce que j’avance. Les Nègres, au lieu de diminuer dans fon habitation, s’y multiplièrent au point qu’il fut obligé d’acheter une nouvelle habitation, pour y employer la furabondance de Nègres qui regorgeoient dans la fienne ; &, loin que fa générofité lui ait été ruineufe, il doubla fes produits & fes capitaux en vingt ans, donna une riche dot à fa fille, & laiffa à fa mort deux habitations des plus floriffantes.

Il y a lieu de le croire. Si les colons étoient affurés qu’au lieu de trouver du profit à faire

----

(*a*) Il en fera parlé plus au long au chap.

périr leurs efclaves pour en racheter des nouveaux, il ne leur refteroit à l'avenir d'autre
moyen de repeupler leurs habitations que par
les voies de la génération humaine, ils s'em-
prefferoient davantage à fe procurer des Négreffes, à marier leurs jeunes Nègres, à foigner
leurs enfans, & à fe procurer, comme le Docteur Mapp, des familles faines & nombreufes de
cultivateurs acclimatés, dont ils feroient fans
ceffe les protecteurs adorés.

Dans les cantons de la Penfilvanie, on rencontre par-tout ce fpectacle touchant de l'humanité champêtre, des familles nombreufes,
gaies & laborieufes, qui, fans y être forcées
par la rigueur, font, fans s'épuifer, des ouvrages pénibles & des récoltes immenfes. Le
tableau du bonheur qu'on y voit fans ceffe, in-
vite les voyageurs à partager leur félicité, en
faifant quelque féjour dans leurs charmantes
habitations. On n'y peut entrer fans plaifir, ni
en fortir fans regret.

La douce émotion qu'on y goûte, rappelle
aux ames fenfibles ces fiècles heureux où nos

premiers patriarches, environnés d'une poſtérité nombreuſe & de celle de leurs ſerviteurs,
étoient révérés de leurs enfans, comme les reſ-
taurateurs de la nature & les conſervateurs du
genre humain. La paix, l'union & la ſimplicité
ſembloient avoir fixé le bonheur parmi des milliers de créatures mortelles, & avoir fait ſuccéder
la vertu & l'innocence à la fureur des guerres
ſanglantes & des cruautés révoltantes. Puiſſent
de ſi grands exemples ſe renouveller quelque
jour en faveur de tant de milliers d'eſclaves infortunés, ſuſceptibles d'un meilleur ſort! Puiſſent toutes les ames bienfaiſantes ſe réunir pour
réaliſer de ſi belles œuvres! il n'en exiſta jamais
de plus grande, de plus utile, ni de plus digne
d'intéreſſer tous les cœurs, que celle de conſerver la vie & de rendre la félicité à dix millions
de Nègres & à toute leur poſtérité.

Heureux, cent fois heureux, ceux qui auront contribué à une révolution auſſi mémo-
rable! Ils n'y gagneront pas des couronnes
éclatantes ni des titres pompeux; mais ils méri-
teront de plus beaux titres encore: ils feront

appellés les vrais conſervateurs des peuples
Africains, & les bienfaiteurs des êtres les
plus malheureux de toute la terre.

CHAPITRE V.

Réfutation des principales objections faites par la cupidité, pour continuer la traite & l'esclavage des Nègres.

QUELQUES brigands d'Europe ont relâché sur les terres d'Afrique dans le siècle dernier ; ils ont été reçus des habitans avec la plus tendre affection.

Les Européens leur firent en revanche goûter des liqueurs fortes ; ils enivrèrent ces peuples doux, paisibles, industrieux, & allumèrent dans leur sang le goût de la discorde, de la guerre & de la destruction.

En leur prodiguant l'eau-de-vie, on a excité leur fureur ; on les a entraînés à s'égorger entr'eux, & à vendre leurs prisonniers ; c'est-à-dire à voler le sang, la vie & la liberté des hommes, pour les revendre à des bourreaux mercenaires qui les ont réduits à un esclavage éternel.

Le goût destructeur des boissons fermentées aliéna si fort leur raison, qu'on a vu quelquefois l'enfant vendre sa mère, le père vendre ses enfans, & le Prince ses propres sujets, pour se procurer cette liqueur funeste. Ces crimes atroces sont notre unique ouvrage; c'est nous qui les avons fait naître, en leur apportant ce poison dangereux qu'ils boivent avec fureur; c'est nous enfin qui sommes coupables de leurs forfaits, puisque nous les achetons comme de vils animaux, en profitant du délire de leur raison pour les faire égorger; & que nous enchaînons leurs prisonniers, pour aller arroser l'Amérique de leur sueur & de leurs larmes : & nous osons, après cela, parler d'humanité, de bienfaisance & de Religion !

Un cultivateur anonyme, qui possède des habitations dans le Nouveau Monde, a publié, depuis peu, des réflexions sur le trafic des Nègres ; & quoique dans le cours de son Ouvrage, il assure que ce commerce est le plus

avantageux

avantageux de l'Europe (*a*), & le moins dispendieux pour la culture des colonies : il convient lui-même (page 2), que *l'efclavage eft un grand mal pour les Africains.* Il faut que cette vérité foit bien évidente , puifqu'elle eft confirmée par l'aveu & le témoignage authentique de ceux même qui en retirant le plus grand profit, ont le plus d'intérêt à la déguifer.

Il ajoute (page 3) : *Il feroit à fouhaiter que l'on pût y remédier tout-à-fait , par l'affranchiffement abfolu des Nègres; mais l'état de nos finances & des motifs de politique, le rendent impraticable.* Voilà la plus forte objection des colons Américains (l'argent). Leur vil intérêt fe trouveroit léfé , s'il leur falloit payer un falaire à des Nègres libres, pour cultiver leurs habitations. Il feroit plus avantageux à leurs finances & à la rapidité de leur fortune d'employer des efclaves qu'ils nourriffent mal , &

____

(*a*) Réflexions d'un Cultivateur Américain , fur le projet d'abolir l'efclavage & la traite des Nègres. A Paris 1788.

II. Partie.   O

qu'ils font travailler jour & nuit à grands coups
de fouet ; ils aiment mieux enfin faire un profit
immenfe en dix ans, au prix du fang, de
l'infortune & de la mort même de cent mille
malheureux, que d'être vingt ans à s'enrichir
en paix par des travaux fuivis & des traitemens
plus humains , qui affureroient à la fois l'ac-
croiffement de leur fortune & la félicité des
malheureux Nègres.

Quant à la raifon politique, elle eft illufoire
& fauffe. Lorfque l'Angleterre a autorifé la
traite des Nègres, elle ignoroit fans doute les
horreurs, les cruautés & les meurtres innom-
brables que l'aveugle cupidité devoit entraîner ;
elle n'imaginoit pas que le poifon, les fers &
des traitemens plus cruels encore, y anéanti-
roient tous les ans cette immenfe portion de
l'efpèce humaine, & l'obligeroient à continuer
toujours un trafic homicide pour l'alimenter. Il
falloit des bras à l'Amérique pour la culture de
fes colonies, & elle autorifa des facteurs à y
conduire tous les efclaves qu'on pourroit fe procurer en Afrique, dans l'efpoir fans doute que

leur population dans les Indes y éteindroit in-
senfiblement la néceffité de ce trafic infâme.

La loi fouveraine, qui a autorifé l'achat
des Négres, pour la culture de l'Amérique, a
donc le droit de l'abolir dès qu'il eft injufte, ti-
ranique ; à plus forte raifon, lorfqu'il ceffe d'être
néceffaire aux befoins des cultivateurs & aux
vrais intérêts de la Nation ; du moment que les
propriétaires ont affez d'efclaves pour cultiver
les colonies, le furplus qu'on en retire de
l'Afrique, eft un vol fait à l'humanité, qui ne
peut plus être excufable. C'eft aux Colons à leur
rendre la vie affez douce, pour les engager à fe
marier, à fe multiplier, à s'y reproduire, au point
de remplacer par les générations futures, la
fomme totale des individus perdus tous les ans.

Ce moyen falutaire, quoique jufte & bienfaifant, leur paroîtra toujours dur, parce qu'il en-
traîneroit la néceffité de les traiter avec moins de
rigueur, de les nourrir mieux, de ne pas épuifer
leurs forces, & de ne pas anéantir leur vigueur par
des travaux exceffifs ; il les obligeroit enfin à foigner & à entretenir mieux leurs Négreffes, pour

fournir à l'entretien de leurs enfans, jufqu'à ce qu'ils euffent atteint le premier âge où l'on peut les mettre au travail ; mais quand on voudra faire fincerement du bien fur la terre, de tels obftacles n'arrêteront jamais que des hommes avides ou indifférens : heureufement pour l'humanité fouffrante, il exifte encore en Europe affez d'âmes fenfibles, généreufes & compatiffantes, qui contribueront volontairement à l'achat des Negreffes, dans le feul efpoir d'éteindre à jamais la fource de la traite des Negres, & toutes les horreurs d'un efclavage odieux.

Dans la fituation préfente de la fervitude des colonies, il eft certain que le Colon poffede fur fon efclave un droit de propriété, qu'on ne fauroit lui ravir tout d'un coup fans injuftice, à moins que le Gouvernement ne le rembourfât fur le champ de la valeur actuelle des efclaves mis en liberté ; mais il fuffiroit qu'une Adminiftration équitable offrît à fes Colons les moyens d'entretenir par la population, le même nombre d'ouvriers qui lui font vraiment néceffaires, pour être en droit, fans injuftice, d'anéantir un trafic barbare qui révolte le ciel & la terre, & fait répandre le trouble, le sang & la discorde parmi tant de Nations innocentes; or je ne doute pas que si les Gouvernemens Européens, ou les personnes bienfaisantes qui composent les sociétés philantropiques, envoyoient assez de Negresses dans leurs colonies, pour y maintenir la population au même degré où elle existe à présent, les Colons ne préférassent des jeunes Negres, nés & familiarisés au climat, qui ne leur auroient coûté qu'une nourriture modique, plutôt que de payer cinquante guinées pour un Negre d'Afrique, sujet à périr dans la premiere année de son acquisition.

Qu'un enthousiasme inflexible & dur, prétende que si les Gouvernemens abolissent jamais la traite des Négres, ils doivent indemniser chaque Colon de tous les bénéfices qu'ils auroient pu faire à cet affreux commerce, c'est comme si un malfaiteur à qui le Prince auroit fait grace de la vie, à condition qu'il s'emploieroit à un travail plus honnête qu'auparavant, osoit dire à son Souverain, puisque vous me défendez de voler &

d'aſſaſſiner davantage , payez-moi donc auſſi tout l'argent que je gagnois en volant & égorgeant mes ſemblables.

Prétendre encore que *les habitations des Colonies ne puiſſent être cultivées que par les travaux forcés de quatre cent mille créatures humaines ;* c'eſt une queſtion qui n'a pas encore été démontrée, & qui permettroit probablement bien des doutes fondés en raiſon & en équité. Nos Iles Améri-caines ſeroient-elles donc les ſeules terres du monde que les bœufs, les mules & les chevaux, ne pourroient exploiter, tandis que cette culture eſt en uſage avec ſuccès dans tous les empires de l'Aſie & les états de l'Europe , & qu'elle y pro-duit dans tous les genres, des récoltes immenſes?

En ſuppoſant qu'on ne puiſſe ſe paſſer des bras & du travail des hommes pour les cultiver ; (ſup-poſition abſurde contre laquelle je porte té-moignage,) il ſera toujours conſtant que les terres ſeront auſſi-bien & peut être mieux culti-vées par les mains des Négres affranchis, que la loi obligeroit de ſe louer à la journée, à tous les colons qui les demanderoient dans leurs habitations, que par des esclaves abrutis, qui ne travaillent que par la crainte des châtimens les plus violens.... Que l'ouvrier libre qui ne travailleroit que douze heures par jour, & recevroit un salaire fixé par la Loi, seroit plus heureux que l'homme esclave, qui travaille dix-huit heures, flétri, battu, mal nourri, & sans aucun salaire suffisant à ses besoins.... Le Noir affranchi, sans cesse encouragé, par l'espoir de gagner par son travail, de quoi se procurer des habits, du linge, & les premiers secours d'une famille naissante, seroit moins misérable que l'esclave Negre, qui souffrant sans cesse toutes les injures du temps, n'a souvent qu'un misérable haillon pour couvrir ses nudités, & une claie, ou une peau de bête pour se coucher à terre.

Enfin le Colon lui-même ne seroit-il pas plus heureux, de ne plus avoir sous ses yeux, des misérables, abîmés sous le poids des douleurs les plus vives, & d'être servi désormais par des hommes libres, & des ouvriers soumis qui s'efforceroient de gagner sa confiance & sa protection? il en retireroit des travaux mieux suivis que par de vils Efclaves, qui ne marchent qu'à grands coups de fouet, travaillent mal, & font chaque jour à la veille de fe révolter & d'égorger tous les Blancs de nos Iles.

L'auteur anonyme des Réflexions fur l'Efclavage, prétend que, *fi l'on veut faire cultiver les terres par des Negres affranchis, qui recevroient un falaire fixe, la culture feroit plus coûteufe & les profits moins importans pour les habitans...* Quant à cela perfonne n'en doute, mais on fera toujours perfuadé qu'il vaudroit mieux que leurs bénéfices fuffent moindres, que fi, pour fatisfaire leur infatiable cupidité, on prolongeoit éternellement un efclavage odieux, qui n'a fervi qu'à les rendre durs, inhumains & cruels.

Le même auteur nous affure que *ce qu'il lui en coûte ordinairement pour nourrir fes Efclaves, n'eft qu'une bagatelle, en comparaifon de ce qu'il lui en coûteroit pour employer des ouvriers libres, quelque foible que fût leur falaire* (pag. 9.) Son aveu prouve le peu de cas qu'il fait de fes Négres, la petite quantité de mauvaife nourriture qu'il leur donne pour fubfiftance ; il prouve auffi qu'il n'i

{ ⸱ ⸱ re pas le calcul homicide de regagner, par
la suppreſſion d'une partie de la nourriture de
ſes Eſclaves, le prix de ſon remplacement, afin
d'avoir en profit net tous les travaux du Maure,
qui périt bientôt d'épuiſement & de fatigue.

(Voyez ce calcul homicide, *Chap. XII.*)
Premiere partie.

L'auteur ne perd pas la tête, il prétend encore
que *ſi la traite étoit abolie, il ſeroit fondé à récla-*
mer du Gouvernement, la totalité des pertes qu'il
éprouveroit ſur ſes bénéfices, & à exiger l'entier
rembourſement du prix de ſon habitation & de la
valeur de ſes Négres.... Cette réclamation ne
mérite d'autre réponſe qu'un profond mépris.

CHAPITRE VI.

Du rachat des Esclaves, & de leur affranchissement partiel.

AFFRANCHIR subitement tous les Esclaves, avant d'avoir pourvu à leur subsistance présente & future, priver tout à-coup les habitations des bras qui avoient coutume de les cultiver, enlever à tous les propriétaires les seuls moyens d'administration qu'ils connoissent encore.... Seroient des actes violens & despotiques qui entraîneroient à la fois la ruine des Colons, faute de récolte; la misere des Négres, faute de nourriture; & la perte entiere des Colonies, par une révolution trop prématurée; la faim ou le désespoir y produiroient des crimes sans nombre & l'affranchissement général, loin d'être un bonheur pour les Esclaves, leur offriroit un sort plus funeste que tous les maux affreux auxquels ils sont actuellement soumis.

Quelques perfonnes plus généreufes qu'éclairées, avoient adopté le plan d'un affranchiffement
périodique ou partiel ; elles efpéroient tous les
ans racheter un certain nombre d'Efclaves, en
raifon des foufcriptions qu'elles auroient reçues
pour cette deftination ; ce moyen lent, difpendieux & difficile dans fon exécution, ne parviendroit jamais à tarir l'efclavage ; impoffible dans
fes moyens, illufoire dans fes effets, il produiroit toujours plus de mal que de bien, parce que
l'avide Colon vendroit chèrement à la compaffion humaine des vieux Efclaves qui ne lui feroient plus néceffaires, & du prix d'un vieillard
épuifé il racheteroit auffitôt deux jeunes Noirs
plus vigoureux, des Capitaines Négriers qui continueroient clandeftinement ce commerce ; ainfi
pour un miférable qu'on racheteroit, on feroit
deux malheureux de plus fur terre, & on dou-
bleroit, fans le favoir, les maux de l'humanité
outragée.

D'ailleurs les plantations Américaines, ne pro-
duifant qu'en proportion de la culture qu'elles reçoivent, le nombre des Efclaves qui ne feroient

pas rachetés , feroient obligés de faire eux feuls
tous les travaux, qui jadis étoient également di-
vifés fur ceuxqui ont été affranchis, ils en feroient
alors plus accablés qu'auparavant , plus miférables & plus tourmentés ; l'ambition infatiable
des Colons qui veulent toujours retirer le plus
grand produit de leurs terres , avec le moins de
dépenfes poffibles, leur feroit éprouver des rigueurs plus cruelles encore que celles dont ils
étoient accablés auparavant.

Pour que l'affranchiffement partiel pût être
utile au foulagement de l'efclavage , fans nuire
à la culture des habitations, il faudroit établir
deux autorités fouveraines, la première , qui défendroit fous les peines les plus féveres, le trafic
des Négres , & en prohiberoit l'importation
dans les Colonies, fous peine d'en faire pendre
les auteurs , aux Mats du Vaiffeau qui les auroit
apportés (a). La feconde, d'ordonner que les

____

(a) Plufieurs Colonies du Continent de l'Amérique
Septentrionale , ont prohibé depuis long-rems la traite
des Négres, & affranchi partie de leurs efclaves, fans

Esclaves affranchis, soit par le Gouvernement, soit par la bienfaisance des sociétés humaines, fussent établis mariés & obligés d'aller travailler partout où ils seroient demandés, moyennant le salaire fixé ; dès-lors, les Négres forcés au travail par la Loi même, recevant un prix modique, mais suffisant à leurs besoins, ne seroient plus réduits à voler pour vivre. Semblables à tous égards à nos ouvriers Laboureurs ou Domestiques d'Europe, ils pourroient à leur choix se louer au jour, au mois, ou à l'année, s'attacher au service du maître qui les auroit affranchis, & goûtant les charmes si précieux d'une liberté sagement ordonnée, ils jouiroient chez leurs bienfaiteurs, d'une existence heureuse, qui ne feroit plus gémir la raison & souffrir la nature.

Mais, attendu qu'il seroit dangéreux d'accorder une liberté sans bornes à des Négres, qui n'auroient ni domicile, ni moyens d'une subsistance assurée ; il seroit prudent de n'en affranchir

---

qu'il en soit résulté la diminution des Noirs, ni la stérilité des terres.

tous les ans, qu'un nombre déterminé, & de préférer ceux qui travaillent avec le plus de courage, de les obliger à une année de travail libre, chez le maître qui les auroit affranchis, jusqu'à-ce qu'ils eussent gagné la valeur des petits meubles de leurs cases & des outils nécessaires à leurs travaux journaliers.

Si l'affranchissement étoit un prix accordé par la Loi tous les ans aux trois Esclaves de chaque habitation, qui auroient travaillé avec le plus de vigueur, l'émulation pourroit éclore parmi les Négres, les Colons seroient mieux servis, les terres mieux cultivées & les chatimens moins nécessaires.

Lorsqu'au terme fixé par la Loi, l'affranchi nourri par son maître, seroit encore obligé de travailler un an dans son habitation, moyennant le salaire fixé, il auroit le tems durant ce délai, de s'attacher davantage au maître qui l'auroit affranchi, d'en choisir un autre si son service ne lui étoit pas agréable, ou bien de prendre un métier quelconque pour lequel il faudroit qu'il justifiât avoir les moyens & la capacité ; l'affranchi n'étant plus foumis au châtiment des Efclaves, cefferoit de porter les marques flétriffantes de la fervitude, il pourroit s'habiller à fon gré & jouir de tous les agrémens que procure un travail utile.

Le fpectacle des affranchis n'infpire un défefpoir dangereux à beaucoup de Négres, que parce qu'ils n'ont pas même l'efpérance de le devenir jamais ; mais dès qu'ils peuvent prétendre à leur liberté, la vue de ceux qui en jouiffent devient pour eux un objet d'émulation qui redouble leur zèle au travail, par le defir de réalifer bientôt une auffi douce efpérance.

Un affranchiffement trop général, jetteroit les Négres dans un état d'yvreffe & de fureur, qui les porteroit peut-être aux plus grands excès : extrêmes en tout, ils croiroient n'avoir plus de liens fur la terre, ils ne reconnoîtroient aucune autorité humaine, & fe livreroient fans crainte aux forfaits les plus effrayans ; leur propre félicité exige donc qu'on prévienne une crife auffi dangereufe, & que n'efpérant leur liberté que par degré dans des tems encore éloignés, ils ayent le tems d'y réfléchir, de s'y habituer & de recon-

noître l'autorité des Loix & de l'équité naturelle
d'en jouir.

On auroit tort de penſer que les affranchis devenus audacieux par leur nombre , parvinſſent jamais à tyranniſer les blancs, l'expérience a prouvé depuis long-tems , qu'ils conſervent toujours
un grand reſpect pour les Européens, puiſque
depuis plus de cent ans, on n'a pas vu d'exemple
qu'un Nègre ou un Mulâtre affranchi, ait jamais
fait une injure grave ou violente à un Européen.

Dans le nombre infini des plans qui ont été
offers pour anéantir l'eſclavage , le plus avantageux peut-être , feroit celui d'inféoder à tout affranchi qui ſe marieroit, un arpent de terre à cultiver, en toute propriété & jouiſſance pour lui &
ſa famille ; le Colon qui lui feroit un tel ſacrifice,
pourroit exiger en retour , la moitié de toutes les
productions qu'il y récolteroit , & ſes jouiſſances
nelui coûteroi ent ni peines, ni dépenſes , ni em-
barras ; la banane, l'igname , le choux, le pa-
tatte & le Mahis , viennent avec tant de facilité
dans nos Iles, qu'ils n'exigent preſque point de
culture , les autres productions alimentaires ,

originaires

originaires de la Guinée, telles que le riz, le manioc & le pois d'angola, très-nourriſſans, s'y multiplient avec une telle abondance, qu'un ſeul eſpace de ſoixante pas en quarré de terre ordinaire, planté de ces légumes farineux, eſt plus que ſuffiſant pour nourrir toute l'année une famille de douze perſonnes, il pourroit échanger alors le ſurplus des denrées qu'il ne conſommeroit pas, contre de la morrue, du poiſſon, des volailles & d'autres animaux domeſtiques. L'amour de la propriété, les charmes d'une famille naiſſante, la jouiſſance d'une liberté modérée, les attachant au climat, y formeroient biéntôt des peuplades immenſes, tributaires du Colon qui les auroit fondées; les affranchis auroient encore les deux tiers de leurs tems à conſacrer à la culture des habitations de leurs maîtres, pour un modique ſalaire; c'eſt ainſi qu'à très-peu de frais il ſeroit poſſible d'améliorer le ſort des êtres les plus infortunés de la terre, & d'en faire des cultivateurs heureux qui s'y multiplieroient tous les jours, des loix douces & modérées, mettroient une fin aux cruautés inouïes dont ils ſont victimes, leur rendroient une liberté toujours précieuse, & confacreroient leurs travaux à la deftination la plus utile à l'homme, l'Agriculture.

Exiger davantage, feroit peut-être imprudent. Le tems & l'expérience doivent tout ramener par degrés & éteindre infenfiblement les abus les plus odieux qui font l'ouvrage de deux fiecles; mais en fuppofant l'abolition totale de la traite des Nègres, examinons par quels moyens on pourroit fuppléer à leur mortalité, maintenir leur population & affurer aux colonies, les récoltes les plus abondantes, & le commerce le plus floriffant.

CHAPITRE VII.

De la nécessité de favoriser la population des Nègres.

JE l'ai dit & je le répete encore, l'Adminiſtration meurtriere des Nègres, (qui la plûpart périſſent en peu de tems, de faim, ou de travaux forcés, & les beſoins continuels où ſe trouvent nos colonies, d'en racheter tous les ans un grand nombre, pour remplacer les pertes occaſionnées par leur mortalité,) fait égorger annuellement en Guinée, ou dans les autres Côtes eſclaves, un peuple innombrable pour en enlever tous les priſonniers qui s'y font. Ce trafic, depuis ſon exiſtence, a conſumé & conſume encore tant de Noirs, qu'on eſt forcé aujourd'hui de pénétrer bien avant dans l'intérieur du continent de l'Afrique, pour s'en procurer la quantité qui nous eſt néceſſaire ; les Nègres y renchériſſent depuis longtems, & deviennent de jour en jour plus rares & plus coû-

teux; de forte que dans l'état préfent de la Guinée & de nos exportations, il eft impoffible que
ce commerce fubfifte encore long-temps; il doit
néceffairement & bientôt ne pouvoir plus fuffire à
de fi grands befoins, ou mettre fes victimes à un
prix fi exhorbitant, que les productions des Colonies ne pourront plus les payer; c'eft un fait
avéré dont tous les voyageurs inftruits ont re-
connu l'évidence & contre lequel la prudence des
Gouvernements & l'avidité même des Colons,
doivent chercher à fe précautionner d'avance en
encourageant une population nationale de Noirs
dans nos colonies, par les moyens les plus favorables & les plus prompts.

Les feuls habitans de l'île de St. Domingue,
conviennent que depuis 1680, on a importé chez
eux plus de huit cent mille Nègres, une émigration
auffi immenfe auroit pu doubler dans cent ans
par fa feule population; cependant aujourd'hui
dans toute l'île, il n'exifte pas trois cent mille
Noirs, & ce qu'il y a de plus affligeant, ce ne
font pas l'éthifie, l'épiau, ni d'autres maladies
qui les ont confumés; mais l'excès des travaux

forcés , la difette des alimens & les traitemens rigoureux de leur condition actuelle.

La loi la plus néceffaire à la confervation des
Nègres , feroit celle qui défendroit aux Colons ,
cette économie deftructive qui les précipite en
peu de tems au tombeau , leur fixer douze heures
de travail par jour , faire furveiller les propriétaires , par des infpecteurs inconnus , & infliger
des peines très févères à tous les maîtres qui s'en
écarteroient ; pourquoi faire languir & périr par
des traitemens barbares , des êtres infortunés ,
deftinés à cultiver les terres ?

L'auteur anonyme des réflexions Américaines ,
fur la traite d'Afrique , quoique zèlé Partifan de
l'efclavage , convient lui-même qu'un traitement
plus doux , feroit le feul moyen de les engager à
fe reproduire , (voici fes paroles , pag. 16)
« Lorfqu'on a mis fur une habitation , un nombre
» plus que fuffifant de Noirs , pour les foins d'une
» plantation , ils y jouiffent de quantité de dou-
» ceurs , & comme on n'exige pas d'eux un travail
» qui furpaffe leurs forces , ils font heureux , fe
» portent bien & s'y multiplient davantage. » On

ne fauroit s'expliquer d'une maniere plus claire & plus pofitive.

Les Nègres aiment beaucoup le fexe, l'amour feul femble charmer leurs peines, ils facrifient tout à ce plaifir fugitif, principe générateur de l'exiftence humaine; ils aiment avec paffion & meurent avec conftance; le petit nombre de ceux qui font dans ce cas, donnent tout ce qu'ils poffedent pour fe faire aimer, font des chofes incroyables pour obtenir une femme, & quoique dans un état miférable, ils ne négligent rien pour la conferver; que ne feroient-ils pas s'ils étoient libres dans leur choix & dans leurs affections morales?.... S'il y avoit affez de Nègreffes pour établir tous les hommes faits, fi on les attachoit au climat, en leur donnant un petit coin de terre à cultiver, s'ils étoient tous affurés de gagner chez les Colons par un travail libre, payés du moindre falaire, de quoi nourrir leurs femmes & leurs enfans.

Le moyen le plus fûr d'abolir la traite des Nègres, feroit donc de la rendre inutile, en portant tous fes foins à encourager la multiplication

des peuples Maures, & en favorifant une population équivalente, aux exportations de l’Afrique:
tant que les Gouvernements ne mettront en ufage
que des défenfes, des palliatifs, ou des adou-
ciffemens toujours éludés, ils ne ferviront qu’à
rendre ce commerce plus lucratif & plus dangereux; il deviendra clandeftin, les Efclaves fe ven-
dront le double dans les lieux où ils feront prohi-
bés, & toutes les horreurs de l’Efclavage, exif-
teront avec plus de rigueur.

On a prétendu fans raifon, qu’à moins que tous
les Gouvernemens de l’Europe ne confentiffent
d’un commun accord à l’abolition de la traite des
Nègres, les Nations qui n’y auroient pas renoncé, continuant publiquement ou clandeftinement ce trafic, y gagneroient tout ce que les
autres pourroient y perdre, fans que l’humanité
fouffrante en recueillît le moindre foulagement...
Que dèslors les États qui continueroient d’avoir
recours à la traite, ayant leurs Nègres à meilleur
marché, donneroient leurs productions coloniales à plus bas prix, tandis que dans toutes les
habitations où la traite feroit prohibée, ne pou-

vant foutenir la même concurrence, elles feroient bientôt réduites à la derniere mifere.

Cela feroit malheureufement vrai, fi en prohibant la traite on ne s'occupoit pas des moyens de la remplacer par des nouvelles générations ; mais dès que les Noirs auroient affez de femmes, & qu'ils feroient encouragés à fe produire, on n'auroit plus befoin du commerce de la Guinée ou d'acheter des Noirs des autres nations, qui continueroient de les importer.

Colon avide, les moindres réformes glacent ton courage & les obftacles les plus légers te font trembler ; tu crains plus de voir diminuer d'immenfes bénéfices, qui ont coûté la vie à tant d'infortunés, que d'autorifer éternellement fur terre les meurtres & les brigandages, dont tu reçois quelques profits! L'alternative que je propofe n'eft pourtant pas fi douloureufe, il faut de deux chofes l'une, ou renoncer entièrement au café & au fucre, productions arrofées des larmes & du fang de tant de malheureux Affricains, ou les multiplier dans le fein de nos Colonies, par des mariages & les douceurs d'un affranchiffement gradué : dèslors tes maffacres d’Afrique ne feront plus néceffaires, tes pertes fur terre & fur mer cefferont, tes plantations feront mieux cultivées, tes rigueurs inutiles , tes craintes bannies, tes richeffes plus certaines qu’auparavant & tous tes befoins pleinement fatisfaits. S’il eft vrai par la fuite que les frais d’exploitation foient un peu plus confidérables, étant faite par des hommes libres & bien nourris , que par des Efclaves exténués & roués de coups, tu auras au moins la gloire d’avoir rétabli la paix fur la terre, & après avoir été fi longtems le bourreau de tes femblables, tu reprendras les plus beaux attributs de l’homme fenfible, celui d’ètre le bienfaiteur du genre-humain & d’effacer par tes vertus les crimes que ta cupidité fit commettre.

Si on faifoit envifager le mariage parmi les Nègres, comme une récompenfe de leurs travaux, & la permiffion de prendre une femme comme un honneur qu’ils ne peuvent acheter trop cher, on arracheroit d’eux par ce feul efpoir plus de travaux que par des traitemens rigoureux; le reffort de la politique réuni au fentiment religieux, leur feront faire volontairement les chofes les plus étonnantes, leur raifon feroit plus éclairée, ils finiroient enfin par chérir de bonne foi des maitres généreux qu'ils regarderoient comme leurs protecteurs.

Parmi les fpéculateurs Anglais, celui qui paroît avoir fait le dénombrement le plus exact des Noirs de toutes les Colonies, c'eft *Cooper*, dans une lettre qu'il a publiée à ce fujet : il eftime que les Colonies Angloifes poffedent un million cinq cent mille Noirs. Les Colonies Françoifes quatre cent mille , les Efpagnoles deux millions, cinq cent mille ; les Portugais un million, & les Hollandois & les Danois, environ cent mille, ce qui forme en total cinq millions cinq cent mille Nègres, triftes débris de plus de cent millions d'Africains qui font venus y trouver leur tombeau, ne laiffant après eux qu'un petit nombre de rejettons pour les remplacer fur terre.

Dans un excellent ouvrage, intitulé : *Effai fur l'Adminiftration des Colonies*, l'auteur rempli de vues profondes & lumineufes a fait inférer la note fuivante.

« Si on appliquoit à l'encouragement de la
» population des Nègres les mêmes primes que
» le Gouvernement accorde pour leur traite, il
» en réfulteroit deux grands biens, le premier,
» d'avoir partout des Noirs acclimatés, le fe-
» cond, la fuppreffion totale du commerce & de
» la navigation des Côtes d'Afrique, qui eft fi
» deftructive de l'efpece humaine. (pag. 79.)

S'il m'étoit permis d'ajouter encore à cette idée
judicieufe, je croirois qu'il feroit plus avantageux d'employer à leur établiffement & à leur population, durant l'efpace de vingt ans feulement;
les mêmes fonds confumés tous les ans à leur achat,
importation, &c. &c. On auroit à moins de frais
& en peu d'années, une génération immenfe
d'hommes laborieux & accoutumés au climat;
dès lors le trafic de la Guinée s'anéantiroit de
lui-même.

Donnez des femmes à vos Nègres & tout s'ac-
complira de même, il exifte fi peu de Nègreffes
dans nos Iles à fucre, en comparaifon des Nègres,
& elles y font fi fouvent attaquées & fi prodigues
de leurs faveurs aux blancs, que leur conduite,

loin de tourner au profit de la population, en détruit bientôt tous les germes, par un libertinage
fans frein & une proftitution fans exemple ; fur
mille Nègres, c'eft beaucoup, fi l'on compte cinquante Négreffes ; cette difproportion éton-
nante, vient de ce qu'on importe toujours des
femmes en petit nombre dans les vaiffeaux
Nègriers..... parce qu'elles fe vendent mal en
Amérique.... font prefque inutiles aux travaux
champêtres des habitations..... confument autant qu'un Nègre, produifent moins, &c. &c.

Le moyen naturel d'établir les Nègres, pour
les reproduire, feroit d'autant plus avantageux,
qu'il eft prouvé que le grand nombre de ceux qui
meurent en arrivant dans nos Colonies, périffent
par les influences inévitables d'un climat contraire à leur conftitution ; cette caufe de deftruction, n'agiffant plus jamais fur les Nègres dans
nos Îles, on en perdroit beaucoup moins & leurs
générations futures, feroient plus faines & plus
vigoureufes que celle des Noirs que nous recevons à grands frais de l'Afrique.

Ne pourroit-on pas condamner au profit de la

population Américaine , ce nombre infini de courtisannes d'Europe , qui y meurent de faim , de misère & de langueur ? on pourroit les faire guérir avant de les transporter dans nos îles, pour les marier aux Nègres, & cette punition terrible, en apparence, mais heureuse & douce dans ses effets, rendroit le libertinage moins commun, moins dangereux , & son existence trouveroit dans nos Colonies une fin utile au bonheur de l'humanité.

Il seroit sans doute équitable que les enfans nés de tous ces mariages , fussent déclarés libres à vingt-cinq ans , en ne faisant pas influer sur leur naissance, la loi Romaine, *partus ventrem séquitur*, le judicieux Schwartz fait à ce sujet une réfléxion très-sage. (*a*)

« Il est singulier (dit-il), qu'une loi tyrannique, » établie par des brigands sur les rives du Tibre, » fasse au bout de deux mille ans , des milliers » de malheureux dans les terres de l'Amérique.»

De l'union des courtisannes blanches avec les

____

(*a*) Observations sur l'esclavage des Nègres. A Paris chez Froulet, 1788.

Nègres, réfulteroit des Mulâtres auxquels tout le Service Militaire des Colonies, pourroit être confié fans aucun danger, il ne feroit plus né-ceffaire de faire partir d'Europe, des régimens entiers qui s'y confument en peu de tems, & répandent la douleur & la confternation parmi tant de familles Angloifes. L'expérience a prouvé que les Mulâtres ont pour les Blancs plus d'affection que les Nègres..... que plus ils s'éloignent du fang des Noirs, plus ils fe confiderent comme faifant partie du fang Européen, plus enfin ils s'attachent à eux & les fervent avec zèle :

CHAPITRE VIII.

Profits réels que les Colons pourroient recueillir d'une population agricole.

JUSQU'A ce jour, tous les germes de la population des Noirs ont été anéantis dès leur source. Des maîtres avides craignant de perdre les deux derniers mois des Nègresses enceintes, parviennent ordinairement à les faire avorter de bonne heure; la plupart de ces malheureuses créatures qui sentent qu'elles vont être détestées & maltraitées, & qui savent tous les maux auxquels leurs enfans seroient bientôt sacrifiés, regardent comme un devoir de tendresse & de sensibilité, de se faire avorter elles-mêmes ; les rigueurs de la tyrannie, étouffent chez elles tous les sentimens de l'affection maternelle, la plupart avouent même avec franchise, que c'est par excès d'amour qu'elles font périr leurs enfans avant terme, plu-

tôt que de leur procurer une exiftence auffi douloureufe.

Si les Colons pouvoient calculer avec plus de
patience , ils verroient clairement qu'ils n'éprouvent d'autres pertes réelles , qu'un certain délai
à l'expiration duquel leurs fonds rentreroient au
plus haut intérêt.

Je fuppofe qu'une Nègreffe enceinte , prive fon
maître de la moitié des travaux qu'elle a coutume de faire.... durant les trois derniers mois
de fa groffeffe , & les quinze mois qu'elle emploie
à nourrir fon enfant, en évaluant la totalité du
travail de ces dix-huit mois à 600 livres, c'eft
par conféquent pour le propriétaire , une perte
réelle en diminution de travaux que chaque
Négrillon coûteroit à fon maître. Mais auffi, dès
que l'enfant atteindroit l'âge de quinze ans, il
vaudroit alors deux mille francs , & depuis dix
ans jufqu'à quinze il auroit gagné au moins cent
piftoles à fon maître ; voilà donc mille écus que
lui produiroit en quinze ans un facrifice de deux
cent écus que lui auroit caufé la groffeffe de fon
esclave ,

Esclave, je défie qu'il pût trouver un commerce plus lucratif, ni plus évident.

Il existe actuellement dans plusieurs habitations d'Amérique, de grands atteliers entièrement composés de Créoles, & M*r*. (*a*) H. D*l*. a une famille entière du Sénégal , composé de cinquante-trois Nègres, Nègresses, Nègrillons , & Nègrittes , ce père infortuné qui avoit plus de quatre-vingt ans d'esclavage , avoit lui seul mis au jour vingt-deux enfans & voyoit autour de lui sa quatrieme génération.

J'ai toujours été étonné que des habitans spéculateurs, n'ayent jamais cherché à retirer des profits aussi importants de la seule population de leurs Nègres, en formant une pepinière de Nègrillons acclimatés, qu'ils vendroient à quinze ans beaucoup plus cher que des Nègres de Congo ou du Sénégal ; mais en voici la raison, 1°. il faudroit d'abord plus de femmes & on n'en a presque pas,

____

(*a*) Voyez les Considérations sur l'état présent des Colonies Françoises , Tome II, page 67, édition de Paris , 1777.

2°. on feroit obligé d'attendre quinze ou vingt-
ans, & on ne s'y détermine jamais, quand on peut
par une adminiftration meurtriere faire fa fortune
en dix.

Dans des climats perdus par la cupidité d'une
économie fanguinaire, les établiffemens favorables d'une population agricole, doivent être les
monumens d'un Gouvernement éclairé ou d'une
fociété bienfaifante.

Heureufement pour les Nègres, il exifte encore quelques habitations gouvernées par des
maîtres humains & généreux, qui cherchent à
les multiplier en leur donnant à chacun une
femme, en achetant des Nègreffes quand il leur
en manque & en donnant à chaque famille un
petit terrain à cultiver, ils y fement du grain, on
leur permet d'y élever des volailles, des animaux
& de fe faire un petit revenu particulier qui les
attache au manoir principal : leurs maîtres les favo-
rifent dans leurs petites acquifitions, les foulagent
dans leurs befoins, prennent foin des Nègreffes durant leurs couches, reçoivent les préfens
de leur fécondité, & fe font adorer dans leurs ha-

bſtations ; on n'y donne que peu de travaux aux mères, tandis qu'elles allaitent ; dès que leurs enfans ſont ſèvrés, on les ſouffre autour des cui-ſines, tandis que leurs mères travaillent au-dehors; l'abondance, la joie & la proſpérité qui régnent dans de telles habitations, les mettent dans le cas de n'avoir plus beſoin de la traite & de faire éga-lement la fortume d'un Colon prudent qui ne con-ſume jamais tous ſes profits annuels.

CHAPITRE IX.

Des avantages importans d'une culture libre.

DES lettres nouvellement adreffées par différens habitans des îles ou fociétés inftituées en Angleterre, pour l'abolition de la traite des Nègres, prouvent avec évidence, que la quantité des Noirs qui éxiftent actuellement dans nos Colonies, eft plus que fuffifante à la culture préfente des îles de l'Amérique, & que pour peu que leur population fût encouragée par des moyens d'humanité & de bienfaifance, en moins de trente ans, les Nègreffes qui font les femmes les plus fécondes de la terre, produiroient un furcroit de population fuffifant, non-feulement pour cultiver toutes nos habitations fans Efclaves, mais encore pour défricher les terres incultes de nos îles & à faire par la fuite des émigrations importantes dans le continent; ce fait prouvé par des expériences fuivies, démontre que tous les moyens de cruauté que nous avons employés pour nous procurer les Nègres d'Afrique, font des actes d'une férocité impardonnable qu'on pourroit éviter.

Pourquoi le grand nombre des Colons avides s'oppose-t-il constamment à la liberté future des Nègres? c'est qu'ils aiment mieux retirer d'un Esclave dix-huit ou vingt heures de travaux par jour, en le nourrissant mal & sans aucun salaire, que d'être obligés de le payer pour n'en recueillir que douze ou quinze heures de travail, ils disent que c'est porter atteinte à leurs propriétés & à leurs profits, ils préfèrent par conséquent les rigueurs de l'Esclavage, & donnent plus volontiers des coups de fouet que de l'argent.

Tout homme né sans fortune, qui du matin au soir, n'est occupé qu'à calculer les moyens de passer rapidement de la misère à l'opulence, sacrifie tout pour parvenir ; la douleur, les tourmens, la mort même de ses semblables, ne lui coûtent plus rien; insensible à tous les maux de l'humanité souffrante, tous les crimes lui sont indifférens, pourvu que sa fortune soit prompte &

brillante, delà cette dûreté, j'ose dire même cette barbarie de caractère qu'on rencontre souvent chez la plupart des Colons Américains.

Parmi les avantages d'une culture libre, ne doit-on pas compter pour beaucoup , d'avoir banni les craintes continuelles d'une révolte toujours prochaine parmi les Nègres & les justes frayeurs d'un soulèvement général , qui, dans une seule nuit peut massacrer tous les Blancs & s'emparer des riches habitations qu'ils arrosent depuis long-tems , & de leur sang & de leurs larmes? il n'y a que peu de tems qu'il y eut une insurrection à Antigoa, dans ce moment-ci, on en craint une à la Jamaïque, qui peut-être s'est réalisée.... Ainsi malgré toutes les probabilités d'une révolution tôt ou tard inévitable, on vit dans une sécurité tranquille, sans rien faire pour la prévenir.

Au milieu des craintes les plus légitimes, on ne peut voir sans douleur des noms illustres par leur naissance & célèbres par leurs talens, se déclarer presqu'ouvertement les partisans de l'Esclavage ; s'il faut ajouter foi aux papiers publics, le Lord

Hawkesbury *croit presqu’impossible de réformer la traite , sans porter atteinte aux produits du commerce des Nègres....* Cela est vrai, de la maniere qu’il le seroit, de dire.... qu’on ne peut réprimer le brigandage des assassins, sans porter atteinte aux profits qu’ils retirent de leurs vols & de leurs meurtres; mais faut-il en conclure qu’on doive par cette considération, ne pas en arrêter le cours ?

On assure que ce lord *à déclaré ouvertement qu’il s’opposeroit toujours à ce qu’on mît fin au commerce des Nègres, par aucun acte violent ;* cette déclaration est-elle compatible avec l’équité?... Non certainement. Mille petits moyens qu’il propose pour adoucir leurs miseres, peuvent-ils les dédommager des violences & des outrages qu’on leur à fait éprouver depuis plus de deux siècles ?

Le Lord Walsingham & le Lord Hawkesbury, ont également prétendu que la prospérité des Iles de l’Amérique dépend beaucoup de la conservation des Nègres.... En cela nous sommes d’accord, & je suis persuadé, d’après le témoi-

gnage des Colons les plus éclairés & les avis des
obfervateurs impartiaux, qu'il fera toujours poffible d'affranchir par degrés les Efclaves, en les
employant comme libres aux travaux des habitations, en leur fixant des journées modiques
comme à nos cultivateurs indigens, en donnant
par la fuite, des terres incultes à défricher à tous
ceux qui, ayant gagné de quoi réalifer une telle
entreprife, defireroient cultiver pour eux : Satif-
faits alors de leur exiftence, ils béniroient les
cœurs honnêtes qui auroient fait tomber leurs
chaînes, & qui par des mariages libres, auroient
pofé les fondemens d'une population capable, à
la longue, de repeupler & de fertilifer l'A-
mérique.

O riches propriétaires, Cultivateurs des deux
Indes, fouffrez que je vous faffe cette queftion ?
Quelle confiance pouvez-vous avoir dans des
hommes avilis qui vous déteftent ?... Pouvez-
vous de fang-froid faire couler tant de larmes &
de fang innocent ?... Pouvez-vous, fans frémir,
vous engraiffer de leur épuifement ?... Lorfque
vos tyrannies accumulées auront aigri tous les

cœurs, comment vous défendrez-vous contre vos
Nègres , quelles forces oppoſerez-vous à cent
mille hommes robuſtes & vigoureux, qui auront
la mort d'un frère, d'nn ami , ou d'un père à ven-
ger?... Sera-ce cinq ou ſix mille Anglois, dont
les deux tiers ſont des femmes , des enfans ſans
courage, ou des vieillards perclus de douleurs?. .
faites-y attention & portez-y remède tandis qu'il
en eſt tems encore ; mais prenez garde que de
plus longs délais ne vous précipitent vers votre
ruine : ceſſez de conſumer en réflexions ſtériles ,
un tems que vous pouvez employer à vous mettre
à l'abri des orages & à faire oublier vos fureurs.

CHAPITRE X.

Suite, & Histoire du Docteur Mapp ; &
Lettre de M. Robert Nickols, Doyen
de Middelham , &c.

L'ADMINISTRATION économique & bienfaisante du Docteur Mapp , dans ses habitations
Américaines , nous a été annoncée par M. Robert Nickols , Doyen de Middelham , dans une
lettre qu'il a adressée au Trésorier de la société ,
instituée pour opérer l'abolition de la traite des
Nègres ; elle prouve avec évidence , que de légers adoucissemens dans le traitement des Nègres
& le soin de les marier , sont plus que suffisans
pour produire une nombreuse population , sans
recourir aux exportations de l'Afrique : en voici
la traduction littérale.

MONSIEUR ,
Je viens de voir dans les papiers nouvelles

d'Yorck, que plusieurs personnes de considération, déterminées par d'honorables sentimens
d'humanité, vont faire une motion en Parlement
pour l'abolition de la traite des Nègres : Né dans
les Indes Occidentales, je me trouve moi-même
intéressé dans la cause que vous soutenez avec
tant de noblesse, & je serai charmé de contribuer
à vous donner des renseignemens sur cet objet,
comme votre invitation publique m'y encourage.

Il me semble, Monsieur, que si l'on pouvoit
démontrer que l'accroissement naturel de la population des Nègres, est suffisant dans nos Iles,
pour la culture dont ils sont chargés, & que plus
d'humanité dans la manière dont on les traite,
suffiroit pour assurer leur accroissement naturel,
on ne pourroit opposer de raison valable contre
l'abolition de cet infame trafic, ou si quelques
voix suspectes reclamoient encore en sa faveur, ce
ne seroit tout-au plus que celles d'un petit
nombre de planteurs Américains, inspirés uniquement par leur intérêt particulier.

Un grand nombre de faits prouvent incontes-
tablement la proposition que je viens d'avancer ;

je vous en citerai un ou deux des plus remarquables, que plusieurs personnes actuellement à
Londres peuvent vous certifier : elles sont plus à
portée que moi de vous en démontrer l'authen-
ticité.

Il y a environ soixante-dix ou quatre-vingt ans,
qu'un certain M. Mac-mahon mourut sur son habitation, Paroisse Saint Georges dans l'Ile des Bar-
bades.Sa possession fut évaluée, autant que je puis
m'en souvenir, à environ 30,000 livres sterlings.
Ce dernier propriétaire l'avoit eue sept à huit ans ;
en y entrant, il la trouva chargée de redevances
pour un marchand de Londres : jaloux de se dé-
barrasser de ce fardeau, il résolut de tirer un revenu extraordinaire de son habitation. D'après ce
plan, suggéré par l'avidité, ses Nègres furent
surchargés de travail ; la plupart en perdirent la
santé, quelques-uns même la vie (a). Il fut obligé

____

(a) Depuis que j'ai reçu cette lettre, un particulier
de la même îsle, m'a assuré qu'il avoit vérifié lui même
par le rôle de la taxe des Nègres, que le nombre des
esclaves de M. Mac-mahon, avoit diminué en deux ans
de près de moitié. C'est à dire, que de 170, il n'en

de les remplacer par d'autres qu'il acheta à différentes fois dans l'efpace de fept ans ; à fa mort,
fon habitation fe trouva précifément auffi embar-
raffée, qu'à l'inftant où il l'avoit prife ; car les
dépenfes entraînées néceffairement par la mort
de fes Nègres, égaloient la dette dont il avoit
voulu fe débarraffer en les accblaant de travail.

A-peu-près vers le même tems mourut le
Docteur Mapp, de la même ifle, propriétaire
moins riche, puifque fon habitation n'étoit que
de 20,000 livres fterling, & d'ailleurs inférieure
à la première ; moins fertile, plus expofée aux
inondations, & plus éloignée du marché. Cet
homme refpectable fe conduifoit plutôt en
patriarche qu'en maître parmi fes Nègres. Non
feulement il leur fourniffoit des alimens de bonne
qualité & en abondance ; mais fon humanité leur

refta que 95 ; ce Maître inhumain avoit coutume de
dire en achetant un efclave, » que pourvu qu'il vécût
» quatre ans, il ne lui en demandoit pas davantage ;
» fûr qu'il tireroit affez parti de lui pendant ce tems,
» pour couvrir fes frais, &c. «

ménageoit de longs intervalles de relâche entre
les travaux, qui ceſſoient abſolument durant la
grande chaleur du jour; c’eſt-à-dire, depuis
onze heures juſqu’à trois, & pendant ces heures
brûlantes, il leur faiſoit donner des rafraîchiſ-
ſemens, ſans exiger le moindre travail de leur
part. Traités avec cette bonté paternelle, ils
multiplioient prodigieuſement; leur population
s’accrut au point qu’après pluſieurs années, il fut
obligé d’acheter une ſeconde habitation, ſur laquelle il n’y avoit point de Nègres, pour recevoir le ſuperflu de ceux qu’il ne pouvoit
employer ſur la ſienne. Il s’accommoda d’un terrain, qui, je crois, lui coûta 12,000 livres
ſterling. Sa fille a eu une dot conſidérable, &
il a laiſſé à ſon fils près de 40,000 livres ſterling; c’eſt-à-dire, le double de ſon premier
capital. La fille du Docteur a épouſé H. A.
Ecuyer, auſſi conſidéré par ſes qualités perſon-
nelles que par ſa fortune, & qui, j’oſe le pro-
mettre, ſe fera un plaiſir de ſervir la cauſe de
l’humanité, & d’honorer la mémoire de ſon
beau-père, en vous donnant tous les renſeigne-

nens que vous pouvez défirer, car je regarde comme important de vérifier fcrupuleufement ces particularités. Je préfume auffi que la maifon bien connue de L * * *, pourra vous garantir ma première relation. Le chef de cette famille s'eft trouvé, à ce que je lui ai entendu dire, dans l'ifle, aux funérailles de ce barbare Mac-mahon. Pour moi, qui n'ai plus de liaifon dans les Indes Orientales, & qui vis fi éloigné de la ville, je ne puis guère fervir qu'à vous indiquer les fources d'où vous pourrez tirer des informations plus exactes : quoi qu'il en foit, je ne vous ai rien exagéré fciemment, & n'ai fûrement pas eu l'intention de vous tromper.

Il eft certain que les Nègres multiplient infiniment davantage dans les climats chauds que dans les froids. Il y a plus, l'extrême chaleur ne les incommode pas, & quand leur fang n'eft pas appauvri par un travail exceffif, par la difette d'alimens, ou par leur mauvaife qualité, ils ne font pas auffi fujets que les Blancs, aux maladies qui réfultent d'une température brûlante. Dans les îles des Indes Occidentales, & dans les Colo-

nies Méridionales du Nord de l'Amérique, ils
font pleins de fanté & de vigueur pendant l'été,
faifon où les Blancs font affectés de fièvres, de
maladies aigues, d'enflure de jambes & de jau-
niffe. Si les pauvres périffent de fièvres lentes &
de diffenteries, affurément perfonne n'en fera
étonné, pour peu qu'on fonge qu'ils ne goûtent
jamais de laitage ni de viande fraîche : leur nourriture confifte en maïs, en végétaux, auxquels
ils ajoutent, foit un peu de poiffon falé & rance,
foit, mais plus rarement, quelquemorceau de bœuf
ou de porc falé d'Irlande ; encore n'ont-ils que
les rebuts du marché : quand à leur boiffons, c'eft
ordinairement de l'eau de mare, qu'ils corrigent
quelquefois avec un peu de rhum ; ajoutez à cela,
que dans la faifon des pluies, on n'a pas toujours
foin de leur faire quitter leurs travaux pour les
mettre à l'abri :

Dans les provinces Septentrionales du Nord
de l'Amérique, où j'ai auffi demeuré, la dureté
du climat nuit à l'accroiffement de la population
des Noirs. Ils y font en petit nombre, vieilliffent
de bonne heure, & l'on voit changer le noir

brillant

brillant de leur peau, en un brun jaune, qui annonce l'altération de leur santé. Mais, je le répete, les climats chauds leur font infiniment favorables; passablement traités, ils y pouffent loin leur carriere, & multiplient beaucoup. Il n'y a donc que les mauvais traitemens qu'ils éprouvent aux îles, qui néceffitent annuellement l'importation de nouveaux Efclaves, pour en entretenir toujours le même nombre fur les plantations. L'éloignement de leur patrie, en fait périr un grand nombre de chagrin, peu de tems après leur arrivée; quelques-uns fe tuent eux-mêmes; trèspeu, fi même il s'en trouve, réfiftent au travail exceffif qu'on leur impofe & furvivent deux ou trois ans. C'eft un fait connu, que quand les planteurs ont befoin de remonter leurs habitations en Nègres, non-feulement ils préferent ceux qui font nés dans l'île, mais même ils les payent beaucoup plus cher.

Eh bien donc, pourra-t-on me dire, y a-t-il un feul planteur affez aveugle fur fes propres intérêts, pour ne pas traiter fes Efclaves d'une maniere qui le dédommageroit bien des facrifices que son humanité l'auroit porté à faire ? Quelques personnes agissent ainsi & y trouvent leur compte. Cependant, cet usage n'est pas, à beaucoup-près, généralement établi ; au contraire, le planteur a ses passions, que la loi insouciante sur le sort des Nègres, n'a pas songé à réprimer. « S'il le tue

» il n'a point de compte à rendre au Magistrat,

» pourvu qu'il soit réellement propriétaire du

» malheureux Esclave. De folles dépenses faites

» en Angleterre, une vie débauchée, où de mau-

» vaises récoltes dans nos Colonies, embarrassent

» souvent la fortune d'un planteur. Il a contracté

» des dettes avec des négocians Anglois, il faut y

» satisfaire ; les Nègres travailleront, que dis-je,

» ils seront surchargés. Ailleurs, c'est un homme

» empressé de faire fortune, qui compte plus sur

» le produit actuel des sueurs de ses Esclaves, ou

» sur des épargnes barbares, que sur le produit

» à venir de son humanité, ou sur les récom-

» penses futures de ses avances libérales. Je parle

» en général : je sais qu'il y a d'heureuses excep-

» tions ; mais les exceptions même prouvent que

» le contraire fait règle. Enfin, un propriétaire

» endurci dans ſes habitudes, inflexible dans ſon
» opiniâtreté, & chez qui le préjugé s'eſt enraciné,
» ne veut point eſſayer les effets d'un ſyſtême
» nouveau & plus doux, contre lequel, pour dire
» la vérité, les vices des Eſclaves le préviennent.
(Car, que peut-on attendre des Eſclaves?)

Quant à la force du préjugé dans nos îles, nous
ſavons qu'elle eſt la répugnance invincible des
Blancs, à admettre les Nègres au privilége du
Chriſtianiſme. J'en appelle au témoignage de la
reſpectable ſociété, pour la propagation de l'E-
vangile; elle n'aura que trop à confirmer mon aſ-
ſertion. Mais je demande à mon tour, & c'eſt au
nom de l'humanité que je fais cette queſtion, pourquoi excluroit-on ces infortunés du ſein d'une religion conſolante, dont le fondateur a voulu que
les bénédictions ſe répandiſſent également ſur tous
les hommes? l'incapacité même que nous leur
reprochons, eſt notre crime, puiſque dans des
lieux plus humains, plus raiſonnables, à New-
Yorck, par exemple, j'ai vu de vingt à quarante
Noirs, admis à la Sainte-Table; mais dans nos
îles, les maîtres ne ſe contentent pas de négliger

la converfion de leurs Efclaves, ils ofent objecter
contre elle des raifons qui auroient étouffé le
Chriftianifme dans fa naiffance, fi on eût eu la
foibleffe de les admettre à cette époque.

Qu'on ouvre la continuation de l'hiftoire du
Lord Clarendon. On y trouvera que de fon tems,
le nombre des Blancs à la Barbade étoit de cinquante mille, & celui des Noirs de cent mille, fi
je me le rappelle bien : environ vingt cinq ans
après, les nombres de Blancs & de Noirs fe
trouvèrent réduits, par un dénombrement exact,
à vingt-cinq mille, d'une part, & à quatre-vingt-
dix mille de l'autre. Quoiqu'il paroiffe au premier
coup-d'œil, que le nombre des Blancs a diminué
dans une proportion beaucoup plus grande que
celui des Noirs, il faut obferver que les Noirs
font attachés à la glèbe, & ne fe tranfportent pas
d'un lieu à un autre, comme le font les Blancs;
d'ailleurs, le nombre de ces derniers ne s'accroît
pas par les nouveaux venus dans une proportion
plus grande que celui des Créoles, qui émigrent
ou vivent hors de l'île. La balance ne fait que s'entretenir. Ajoutons encore que le climat eft beau-

coup plus favorable aux Noirs qu'aux Blancs. Or, il y a environ un siècle, que le Lord Clarendon a écrit la continuation de son histoire. Dans cet espace de tems, le nombre des Blancs a diminué d'environ moitié, & celui des Noirs dans la proportion de neuf à dix, malgré une importation qui monte annuellement, à ce que j'ai entendu dire, à près de cinq mille : réduisons-là à quatre, ou même à trois mille ; cela prouvera qu'indépendamment de la diminution de cent mille à quatre-vingt-dix mille, le premier total des Nègres a diminué autant de fois, c'est-à-dire, cinq, quatre, ou trois fois plus vîte, dans l'espace d'un siècle, que celui des Blancs ; en sorte que, tandis que ces derniers ont perdu dans un climat moins favorable pour eux, seulement moitié, la perte des Nègres a été quatre ou cinq fois plus forte. Je ne garantis pas l'exactitude scrupuleuse de tous ces calculs, & je ne suis pas à portée de la démontrer ; mais je les crois assez justes pour prouver que les mauvais traitemens ont détruit les Noirs dans nos îles, dans une proportion qui dépeupleroit le globe en moins d'un siècle, si cette

barbarie difpendieufe s'établiffoit partout, &
avoit partout les mêmes fuites. Au refte, je crois
qu'il feroit à propos de defcendre dans les plus
grands détails à cet égard, perfuadé qu'un calcul
bien revêtu de fes preuves, de la perte que l'efpèce humaine éprouve dans nos îles, fourniroit
un argument contre l'efclavage, auquel nul
homme, pourvu qu'il eût la fenfibilité d'un
homme, n'oferoit rien répondre. Je penfe auffi
que l'on entretiendroit aifément fur nos îles, un
nombre égal à celui que fourniffent les importations annuelles, en employant à les mieux traî-
ter, les dépenfes qu'entraînent néceffairement
ces importations. On pourroit en comparer les
frais avec le produit des exportations de nos îles.
Je fuis fûr que cette comparaifon éclaireroit le
propriétaire & le confommateur, fur leurs véritables intérêts, en montrant à l'un combien il
perd de fon produit, & à l'autre, la furcharge
proportionnelle qu'il fupporte pour l'entretien
d'un commerce honteux, qu'un peu de patience
& d'humanité finiroit par rendre inutile.

« Tranchons le mot ; je ne vois de remède

« immédiat & efficace à la diminution des Ef-
» claves dans nos îles, que dans l'entière aboli-
» tion de la traite des Nègres. Cette mefure vi-
» goureufe forceroit nécefairement le planteur
» à prendre de fes Noirs un foin qui ferviroit ef-
» fentiellement la caufe de l'humanité, fans four-
» nir à perfonne aucun motif de fe plaindre
» qu'on attente à fes droits, ou qu'on attaque
» fa propriété; » car quoiqu'il puiffe avoir une
propriété acquife fur les efclaves actuellement
en fon pouvoir, affurément il ne peut en avoir
aucune fur ceux qui n'exiftent pas. Il n'a pas plus
de droit de recruter fon troupeau d'habitans de
la Guinée, que de ceux de la grande-Bretagne.
Un Marchand Anglois n'eft pas plus fondé à
acheter ou à revendre les habitans de la Guinée,
que les habitans de la Guinée ne le font à l'acheter ou à le revendre lui-même. Qu'il fe fuppofe à
Alger, & fe demande à lui-même ce qu'il penfe-
roit de fes chaînes ou du droit, d'après lequel
on les lui auroit impofées. Et que feroit ce
encore, s'il étoit vrai que les Marchands
Anglois n'achetaffent que des prifonniers de

guerre, & que la guerre ne fe fait en Guinée, que pour pouvoir lui vendre des prifonniers? Ah ! qu'il frémiſſe en fe rappellant ce proverbe: *c'eſt le receleur qui fait le voleur.*

Tout le fang verfé dans ces guerres, tous les hameaux incendiés par les partis contraires, toutes les horreurs que la guerre traine à fa fuite, toutes les larmes, toutes les fouffrances des Captifs qu'on arrache brufquement aux attachemens les plus facrés, tous ces déchiremens des cœurs unis l'un à l'autre par la nature, toutes ces cruautés que les pauvres Captifs endurent dans le cours de leur voyage, ou fous la verge d'un Piqueur, le marchand en répondra au Ciel. Il fait de fon propre intérêt fon idole, & c'eſt à cette horrible divinité qu'il immole l'humanité dans un facrifice fanglant. Quoi ! il ne s'élevera point de vengeur qui prenne fa défenfe? Quoi le reſte du monde demeurera dans une lâche infouciance, & verra d'un œil fec, infulter & outrager ainfi tant de malheureux, pour qu'un commerçant puiſſe manger un plat délicat, ou pour que la fille d'un Capitaine étale ses graces dans une parure de soie ou de mousseline des Indes ?

Mais j’entens des voix s’élever & me répondre : c’est une branche du commerce national ; cette traite de Nègres, le Gouvernement la permet : Ainsi autrefois les Etats de la Grèce, non-seulement permettoient la piraterie & même la regardoient comme honorable ; mais dans une matière si évidemment contraire aux principes les plus communs de la justice, où est l’homme qui sache encore rougir, ou qui conserve quelque honnêteté dans son cœur, qui ose s’avouer le défenseur d’une telle cause dans une assemblée nationale ? Je le demande, si nous justifions ce commerce infâme par l’excuse de la nécessité ; jusqu’où cela ne nous menera-t-il pas ? De quel front oferons-nous condamner le voleur ? Du gibet même il nous crie : *la neceffité me força* ; & notre excufe n’eft pas meilleure que la fienne. *Fiat juftitia, ruat cœlum.* Les amis de la liberté doivent, d’après leurs propres principes, réprouver cette efpèce de tyrannie, la plus abominable de toutes. La plus abominable, parce qu’aucune ne flétrit autant le mo-

ral, ne fait defcendre fi profondément la corrup-
tion dans le cœur. Le Chrétien ne peut foutenir
cet infâme commerce ; fa bible lui montre les ra-
vifleurs d'hommes, rangés dans la même claffe,
que les parricides & les parjures (A Tim. 1. v. 10)
Voudra-t-il fe mêler à cette troupe impure ? Voudra-t-il la foutenir de fon crédit ? Ceux qui lifent
& croient leur Bible, peuvent apprendre par les
hiftoires & les prophéties qu'elle contient que,
quoique la providence divine ait quelquefois jugé
à propos de permettre à une Nation d'en oppri-
mer une autre, & que l'oppreffeur puiffe être
regardé comme le fouet de la juftice divine, cependant la vengence revient à la fin le frapper à
fon tour, lorfqu'il cherche à fatisfaire fon injuftice, & non à procurer la réformation de l'opprimé. Fondés fur cette raifon puiffante, ceux
qui croyent une providence divine, doivent trembler de participer à l'injuftice de ce commerce
en l'encourageant :

Si une fois ce trafic infernal pouvoit être anéanti, le fort des Efclaves s'amélioreroit enfin dans
nos îles ; les Nègres, nés fur le fol même, feroient

plus traitables, plus à portée de s'attirer l'affection des maîtres chez lesquels ils seroient nés ; & plus faciles à convertir au Christianisme, parce qu'il seroit aussi plus aisé de les instruire. L'opération douce & uniforme des principes de cette religion, pourroit éteindre l'Esclavage lui-même ; car quoique le Christianisme, à sa premiere apparition, n'ait point essayé d'introduire de changemens dans les droits civils des hommes, & cela pour des raisons qui se présentent d'elles-mêmes, cependant il tend naturellement par son esprit à la liberté civile, comme Montesquieu l'a observé en sa faveur, & Gibbon a osé le lui reprocher. Il est pourtant évident que la culture de la canne à sucre ne nécessite point l'esclavage, puisqu'on faisoit du sucre en Sicile il y a quelques siècles, comme on en fait encore aujourd'hui dans la Cochinchine, sans employer des Esclaves à cette culture. Mais quand cela seroit autrement, quel choix les Anglois devroient-ils faire dans l'alternative de se passer de sucrer leur thé, ou de délivrer les Nègres du poids de leurs chaînes ?

La prohibition de la traite des Nègres, seroit

directement avantageufe aux planteurs. Le bénéfice qui en réfulteroit s'accroîtroit avec le tems,
puifqu'il hauffieroit immédiatement le prix de fes
Nègres, dont le nombre s'augmenteroit auffi par
l'amélioration du fyftème préfent de l'Efclavage.

Les marchands Anglois y gagneroient également, en ce qu'aucun des produits de nos Colonies, n'étant employé à l'acquifition des Efclaves,
il en refteroit davantage pour folder les dettes
contractées avec la Grande-Bretagne.

J'y vois également l'avantage de la Nation. Le
planteur cultivant la canne à fucre à moins de
frais, pourroit par la même raifon nous fournir
fes productions à meilleur marché. Ajoutez à
cette économie, celle des Matelots & des Soldats
qu'on n'enverroit plus mourir fur les côtes mal-
faines de l'Afrique.

Nous prouverons aux États-Unis de l'Amérique, que nous ne fommes pas moins qu'eux,
amis de la liberté, & nous aurons du moins l'honneur de fuivre un exemple que nous aurions dû
avoir celui de donner. Nous démontrerons enfin
à toute la terre, notre juftice & notre humanité.

Le règne de Georges III en recevra un éclat particulier, & celui qu'un zèle noble pour le soutien de la piété & de la morale, distingue chez lui, comme le véritable pere de son peuple, se montrera partout l'ami du genre humain.

J'ai fait, Monsieur, tout ce qui a été en mon pouvoir, je suis hors d'état de vous donner des renseignemens plus exacts ; Mais ma conscience me dit que je ne vous ai présenté volontairement aucune circonstance dans un faux jour. Tout ce que j'ai écrit m'a été dicté par un zèle évident pour le succès de la cause intéressante que vous soutenez.

J'ai quelques papiers qui ont été publiés sur ce sujet, & je me ferai un plaisir de les faire circuler parmi mes voisins.

Je suis, Monsieur, &c.

CHAPITRE XI.

*Fausseté des motifs politiques qui s'opposent
à l'abolition de la traite des Nègres.*

Il est bien humiliant pour notre amour-propre
d'être obligé de convenir que l'ambition & l'avidité d'accumuler promptement des richesses ,
font les seuls motifs qui s'opposent encore à
l'abolition de la traite des Nègres , & à l'extinction progressive de leur esclavage !.... C'est
une vérité douloureuse dont on sent toute l'évidence , lorsqu'on parcourt les discussions parlementaires, les motions de quelques Lords , &
sur-tout les nombreux Écrits des partisans de
l'esclavage..... Examinons la force de leurs
observations.

L'Auteur de la brochure intitulée : *Réflexions
d'un Cultivateur Américain , sur le projet d'abo-*

lir la traite & le commerce des Nègres, dit à la
page 50:

» En proportion de son étendue, la traite
» des Nègres a toujours passé pour le com-
» merce le plus avantageux de tous ceux que
» l'on fait en Angleterre. C'est un débouché
» très-utile pour nos fabriques, & une source
» abondante de revenu pour l'État; si l'on dé-
» fend l'importation des Nègres, la masse des
» denrées coloniales diminuera, & par consé-
» quent nos îles à sucre diminueront aussi une
» partie de la somme de deux millions de livres
» sterling qu'elles versent tous les ans dans le
» Trésor public: les esclaves décroîtront, les
» manufactures seront engorgées de marchan-
» dises, faute d'en trouver la consommation, &
» le commerce sera anéanti, &c. «

Toutes ces raisons, & tant d'autres qui, au
premier abord, paroissent alarmantes, seront
purement chimériques, du moment qu'on aura
pourvu aux moyens d'entretenir par la seule
population, le même nombre de Nègres qui
existent aujourd'hui dans toutes nos îles. Les

mêmes bras & la même culture n'ayant point changé de nature, verferoient la même quantité de productions territoriales, & donneroient à-peu-près les mêmes bénéfices aux Colons.

Il n'y auroit donc précifément que le feul trafic des Nègres qui en fouffriroit.... mais parce qu'il eft très-avantageux à quelques trai-tans d'acheter à vil prix de la chair humaine & des hommes vivans pour les revendre fort cher dans les colonies, eft-ce un jufte motif pour autorifer par des actes parlementaires des crimes lucratifs à quelques individus, en confirmant par la loi des meurtres & des cruautés qui font fans exemples, même parmi les Payens & les Idolâtres? la fanction du Gouvernement Anglois ne pourra jamais faire confidérer comme équi-tables des forfaits inouis qui ne font exécutés que par le feul motif d'acquérir plus rapidement des richeffes: fi elle pouvoit les rendre légiti-mes, elle auroit auffi le droit de permettre à une Compagnie de voler & d'affaffiner les voyageurs fur les grands chemins, en fe conformant aux Réglemens qu'on lui prefcriroit à ce fujet.

Mais,

Mais, s'écriera-t-on peut-être, *si on réforme un commerce aussi florissant, que deviendront tant de Marchands, de jeunes gens, & tant de vaisseaux consacrés à la seule traite des Nègres?* Ils porteront leurs talens fur d'autres branches de commerce utile : la concurrence, il est vrai, & l'abondance des mêmes productions, en diminueroient probablement la valeur & les profits ; mais les peuples consommateurs en feroient mieux fervis & moins furchargés. Il en réfulteroit un bien général, même pour de nouveaux commerçans, de gagner un peu moins dans un commerce honnête, que dans le trafic affreux de faire égorger tant de milliers de créatures humaines, pour charger quatre ou cinq cents prifonniers du poids de l'efclavage le plus rigoureux.

Plus on réfléchit aux moyens odieux qu'on emploie pour détruire fi rapidement les hommes, plus on voit fe multiplier les preuves que partout où les Noirs font traités avec douceur, ils fe portent mieux, & fe reproduifent davantage. Après avoir mis au jour les réfultats des

II. Partie. S

Colons qui en ont fait les expériences heureuses, il faut que je cite encore les propres aveux des propriétaires qui se sont déclarés les apologistes de l'esclavage.

Le même Cultivateur Américain, cité ci-devant, convient à la page 56, que les îles Françoises renferment un plus grand nombre de Nègres, & produisent plus de denrées que les colonies Angloises (*a*) ; que la seule île de Saint-Domingue rend presqu'autant que toutes les îles Angloises réunies. Notre Cultivateur en donne lui-même la raison plus bas (page 57), en nous disant : ɔɔ Les François traitent mieux ɔɔ leurs esclaves que nous ne traitons les nôtres ; ɔɔ ils sont dans leurs colonies mieux nourris , ɔɔ mieux vêtus, travaillent moins, & ne sont pas ɔɔ si rigoureusement châtiés. Les François sont

____

(*a*) Il est donc évident qu'une administration douce & des traitemens plus salutaires, sont les moyens les plus certains de multiplier l'espèce des Nègres, d'acquérir un grand nombre de cultivateurs, & d'augmenter la masse des productions coloniales.

» de meilleurs maîtres que nous ; car dans tous
» les lieux où la tyrannie eſt tolérée, ils l'exer-
» cent avec le moins de rigueur : (page 90) «

Il eſt donc confirmé par le témoignage même
des protecteurs de l'eſclavage, que les voies de
modération ſont ſeules capables de rendre leur
condition ſupportable ; qu'une nourriture ſaine
& ſuffiſante eſt un moyen certain de les conſerver
en ſanté, & que pour maintenir leur vigueur ,
il ne faut pas les ſurcharger d'un travail de ſeize
à dix-huit heures par jour, capable d'épuiſer
leurs forces en quatre ou cinq ans, & de rendre
leur deſtruction plus rapide. Le plus robuſte
taureau ne réſiſteroit pas long-tems à un tel
excès de travaux, continués durant pluſieurs
années ; à plus forte raiſon, ne peut-on l'exiger
d'une créature humaine, ſans abréger ſa vie, &
ſans la précipiter viſiblement au tombeau.

Je ne crains pas de le redire : le ſublime projet d'abolir la traite des Nègres ne pourra jamais s'opérer par des prohibitions, des adou-
ciſſemens ou des palliatifs trop ſouvent éludés.
Lorſque des plantes vénéneuſes empoiſonnent

un terrein fertile, ce n'eft pas en l'arrofant avec du lait, qu'on peut en adoucir les poifons; il faut en couper les racines, pour faire fleurir à leur place des arbuftes jeunes & vigoureux, capables d'enrichir un propriétaire.

L'extinction de la traite s'effectuera d'elle-même, fans aucune violence, dès qu'on aura tranfporté dans nos colonies affez de femmes & de Négreffes pour y favorifer la population du fang Africain. Le colon qui poffléderoit trente ou quarante enfans de différens âges, faits au climat, élevés fous fes yeux, dès qu'il compteroit fur leur travail, cefferoit bientôt d'acheter chèrement des efclaves, puifqu'il auroit chez lui de quoi remplacer la perte des Noirs qui périroient d'épuifement ou de maladies. La poffibilité d'en racheter lui étant interdite par la loi, & ne pouvant être éludée qu'à un prix exhorbitant, le forceroit, pour fon propre intérêt, à mieux traiter fes Noirs, à les mieux nourrir, à les moins accabler de fatigues, à les foigner dans leurs maladies : & à les confidérer tous comme des enfans laborieux & chers deftinés à contribuer à fa profpérité & à fa fortune.

Si quelque Puissance ambitieuse refusoit de renoncer au commerce des Nègres, elle n'en recueilleroit aucun avantage sur ses rivales, dès l'instant qu'il y auroit assez de bras & de population dans les colonies pour en exploiter les habitations, les colons n'en achetant presque plus, les facteurs ne trouveroient plus à les vendre, & ce trafic odieux s'anéantiroit enfin de lui-même.

Par tout où il y aura des femmes, vingt ans suffiront pour réaliser un si beau projet, pour faire la félicité de nos Nègres, produire des générations saines & acclimatées, accroître toutes nos richesses coloniales, & peut-être un jour les doubler, comme l'a éprouvé le Docteur Mapp.

Les Navigateurs de l'Afrique ne trouvant plus de profits à continuer ce commerce, y renonceroient la plupart; ceux qui auroient le courage de le poursuivre, obligés de vendre chèrement leurs Noirs aux colonies qui n'auroient point de population de couleur, ne tarderoient pas long-tems à en dégoûter les propriétaires; & ces derniers pouvant préférer des moyens plus fûrs, moins difpendieux & plus propres à l'ac-croiffement de leur fortune, n'héfiteroient pas un jour de les adopter pour en recueillir les mêmes avantages.

D'après la difpofition préfente des Gouvernemens Européens, il paroît que toutes les Puiffances font portées à concourir de concert à l'abolition de la traite. Les cœurs honnêtes réclament depuis long-tems cette profcription générale, jufqu'à ce que des tems plus heureux aient permis de rendre nos efclaves libres, en les affranchiffant de toute tyrannie humaine. Tous les êtres fenfibles forment des vœux pour voir réalifer un projet fi beau, fi grand, fi équitable, fi digne d'immortalifer ceux qui l'auront accompli; le feul enfin qui, après tant de forfaits & de fang répandu, foit capable d'expier nos crimes & nos erreurs, en reftituant à l'homme fa liberté, & à l'humanité tous fes droits. Eft-il un avantage, un intérêt qui puiffent jamais autorifer l'efclavage, les mifères, les tourmens & la mort de dix millions d'Africains?

CHAPITRE XII.

Précis des moyens d'abolir l'esclavage.

La récapitulation des moyens les plus propres à abolir la traite & l'esclavage des Nègres, peut se réduire en douze articles.

1°. Proscrire entièrement la traite ou le trafic des Nègres, sous les peines les plus rigoureuses & les plus sévèrement exécutées, tant contre les facteurs, que contre les colons qui les acheteroient.

2°. Traiter les Noirs avec moins de rigueur, en modérant toutes les punitions cruelles qu'on leur impose aujourd'hui.

3°. Les mieux nourrir, en leur faisant distribuer une quantité suffisante d'alimens sains & de meilleure qualité, qui foient au moins capables de rétablir les pertes que leur causent des travaux inhumains.

4°. Fixer leurs heures de travail, de forte

que leurs forces n'en foient pas épuifées ; qu'ils aient pour tems de repos les deux heures du jour où le foleil fe montre avec le plus d'ardeur , & au moins fix heures de repos dans la nuit.

5°. Affranchir tous les ans un Nègre fur vingt , dans toutes les habitations.

6°. Favorifer la traite des Négreffes , & l'encourager par des primes ou des priviléges que les Gouvernemens pourroient accorder... ou des prix de bienfaifance que les Sociétés Philantropiques décerneroient aux facteurs qui, dans le cours de trois ans, auroient importé le plus de femmes des comptoirs de l'Afrique.

7°. Marier tous les Nègres qui y confentiroient , depuis l'âge de vingt-cinq ans jufques à cinquante.

8°. Déclarer libres à vingt-cinq ans , tous les enfans nés de leurs mariages.

9°. Leur donner , en les mariant, un petit coin de terre à cultiver en toute propriété & jouiffance, avec les premiers meubles d'une cafe & les outils les plus néceffaires à leurs travaux.

10°. Obliger tous les affranchis de se rendre aux habitations où ils seront demandés, & d’y travailler douze heures par jour, moyennant un salaire fixé en raison des productions de chaque colonie.

11°. Contraindre tous les affranchis qui refuseront de travailler aux terres, d’apprendre un métier utile à la colonie, en justifiant qu’il en a les moyens & la capacité.

12°. Enfin, nommer tous les ans des Inspecteurs dans les îles & les colonies où l’esclavage des Nègres seroit encore existant, pour surveiller s’ils y sont traités conformément aux loix établies en leur faveur ; en leur attribuant le pouvoir de punir, par des amendes ou d’autres peines, les maîtres durs ou injustes qui les auroient enfreintes.

Il seroit sans doute important de fixer plus positivement dans le Code Noir, le droit des maîtres des Nègres esclaves, Nègres affranchis & mariés, des enfans noirs, des Mulâtres, &c. &c. &c. Mais comme cette partie purement législative sortiroit des bornes que je me suis prefcrites, & qu'elle exige d'ailleurs les connoiffances les plus profondes, je fais des vœux ardens pour que des Magiftrats éclairés & fenfibles daignent s'occuper de leur fort, & nous communiquer leurs lumières : de grandes vues ne s'exécutent jamais fur le champ ; mais quand elles font juftes & bienfaifantes, elles frappent & intéreffent le cœur ; elles s'y gravent par la mémoire, & s'accompliffent dans l'avenir lorfque l'occafion s'en préfente. Qui auroit cru en France que des loix faites dans Rome & dans la Grèce il y a deux mille ans, euffent fervi d'autorité aux Européens pour faire égorger ou enchaîner un fi grand nombre de Nègres d'Afrique, & les condamner en Amérique à l'efclavage le plus rigoureux qui ait jamais exifté fur la terre.

Et vous, efclaves trop malheureux, qui femblez n'exifter fur la terre que pour y fubir toutes les humiliations réunies des travaux violens de la faim & des tourmens les plus cruels, mon cœur vous plaint, vous eftime & vous aime ; je

donnerois la moitié de ma vie pour tarir la caufe
de vos larmes , & mettre fin à vos douleurs.

Pauvres infortunés, fi ma foible voix peut un
jour attendrir vos tyrans , leur faire fentir de
juftes remords, & adoucir vos triftes deftinées ,
je ferai fatisfait d'avoir vécu quelques inftans
fur la terre ! je fens dès ce moment tout le prix
de la vie, fi mes vœux ardens peuvent s'accomplir , alors je ferai plus heureux cent fois que
fi les plus riches tréfors du Pérou & de l'Inde
m'étoient offerts.

FIN.

TABLE

GÉNÉRALE

DES MATIÈRES.

LE MORE-LACK.

PREMIERE PARTIE.

___

POPULATION DES COLONIES.

SECONDE PARTIE.

Fin de la Table.